Rainer Wälde

Guter Stil

Rainer Wälde

Guter Stil

Mit Gefühl, Takt und Umsicht zum Erfolg

Ihr Knigge für mehr Sicherheit und Souveränität

www. knaur-ratgeber.de

Impressum

Bibliografische Information der Deutschen Nationalbibliothek
Die Deutsche Nationalbibliothek verzeichnet diese Publikation in der Deutschen Nationalbibliografie; detaillierte bibliografische Daten sind im Internet über http://dnb.d-nb.de abrufbar.

Wichtiger Hinweis
Die im Buch veröffentlichten Ratschläge wurden von Verfasser und Verlag mit größter Sorgfalt erarbeitet und geprüft. Eine Garantie kann jedoch nicht übernommen werden. Ebenso ist eine Haftung des Verfassers bzw. des Verlages und seiner Beauftragten für Personen-, Sach- oder Vermögensschäden ausgeschlossen.

Herstellung und Satz: Veronika Preisler
Umschlaggestaltung und Layout: griesbeckdesign, München
Druck und Bindung: GGP Media GmbH, Pößneck

Printed in Germany

ISBN 978-3-426-64533-8

5 4 3 2 1

Bitte besuchen Sie uns auch im Internet unter der Adresse:
www.knaur-ratgeber.de

Für Ilona

Inhalt

0:00 Uhr

Alles schläft

Worum es in diesem Buch geht und worum nicht

In jeder gesellschaftlichen Situation gewandt auftreten, seinen eigenen Stil haben, den Umgang mit anderen stets als angenehm erleben – wer möchte das nicht? Leider tun wir uns damit oft schwer, seit wir »Kopf und Herz« voneinander getrennt haben. Manche meinen, gutes Benehmen bestehe darin, ein Regelwerk auswendig zu lernen und anzuwenden wie ein Richter das Bürgerliche Gesetzbuch. Dabei wollte schon Adolph Freiherr Knigge, der vor über zweihundert Jahren das erste Buch zum Thema Umgangsformen geschrieben hat, dass Menschen ihrem Herzen folgen und frei, natürlich und empathisch miteinander umgehen.

Ganz im Sinne des ursprünglichen Knigge geht es in diesem Buch um einen menschlichen, entspannten und stilvollen Umgang. Es geht um Leben mit Stil – und das ist überall dort möglich, wo Menschen sich selbst gut kennen, sich ihren Werten entsprechend verhalten und anderen die nötige Achtung entgegenbringen.

Sollte Sie hingegen viel brennender interessieren, ob Sie ein Hemd mit Kragenknöpfen zum Anzug tragen »dürfen« oder ob Sie den Olivenkern beim Essen auch »richtig« abgelegt haben, dann gibt es für Sie vielleicht geeignetere Bücher. Etikettefragen, die oft beschworenen Dos and Don'ts, werde ich nur dort behandeln, wo es hilfreich ist, um eine soziale Konstellation zu verstehen und das eigene Verhalten darauf abzustimmen.

Ich möchte in diesem ungewöhnlichen Knigge-Ratgeber bewusst vermeiden, Ihnen ständig zu sagen, was Sie tun oder lassen sollen. Sie sind doch ein erwachsener Mensch! Stattdessen möchte ich Sie ermutigen, Ihre Umgebung stets aufmerksam zu beobachten und dann selbst zu entscheiden, wie sich die Situation für alle Beteiligten am angenehmsten gestalten lässt. Dafür liefere ich Ihnen eine Fülle von Tipps, Anregungen und Beispielen.

Damit Umgangsformen anschaulich werden und die Lektüre Spaß macht, habe ich mir als roten Faden eine Geschichte ausgedacht. Folgen Sie einer Wiesbadener Arztfamilie und ihren Berufskollegen, Freunden und Gästen durch einen augenzwinkernd erzählten Tag mit zwölf vollgepackten Stunden. Erleben Sie die »Fahrenkamps« beim Ankleiden, beim Telefonieren und E-Mail-Schreiben, beim Essen, bei offiziellen Terminen, auf einer Geburtstagsfeier, beim Smalltalk, bei einem Fernsehauftritt, auf Reisen, beim Galadiner und bei vielem mehr.

Ein ausführlicher Sachteil bietet Ihnen dann immer meine Einschätzung als Knigge-Experte. Seien Sie ruhig gespannt, inwiefern sie sich mit Ihrer eigenen Einschätzung einer fiktiven Szene deckt. In zahlreichen Infokästen finden Sie Hintergrundinformationen, weitere Tipps oder Zusammenfassungen. Mit dem ausführlichen Stichwortregister am Schluss können Sie einzelne Knigge-Themen gezielt nachschlagen. Nun wünsche ich Ihnen eine angenehme und gewinnbringende Lektüre!

Ihr
Rainer Wälde

7:00 Uhr

»Was ziehe ich heute nur an?«

Sich der Persönlichkeit und dem Anlass gemäß kleiden

Was Farben ausdrücken | Typgerechte Kleidung | Dresscodes | Festliche Anlässe | Umziehen oder Kompromisse? | Abendgarderobe | Einkaufstipps

Chefarzt Dr. Clemens Fahrenkamp hat beste Morgenlaune. Die Sonne blitzt durch das Maigrün der Alleebäume, als er auf dem Rennrad sein Haus erreicht. Zwischen parkenden Autos hindurch schlängelt er sich zu der von Holzlatten unterbrochenen Steinmauer. Erst nachdem er abgestiegen ist und sein Fahrrad durch das halb geöffnete Gartentor geschoben hat, spürt er, wie unangenehm die Jogginghose an seiner noch feuchten Badehose klebt. Auf seinem verwaschenen blauen T-Shirt sieht er kleine Schweißflecken sich abzeichnen. Höchste Zeit, zu duschen und sich umzuziehen, denkt Dr. Fahrenkamp, als er sein Rad auf dessen Platz an der Hauswand stellt. Er geht zur Haustür, nicht ohne über die achtlos auf der Wiese zurückgelassenen Mountainbikes seiner beiden Jungs zu schmunzeln.

Die Holztreppe in dem Jugendstilhaus von 1909 knarrt gemütlich, als der Endvierziger vorbei an einem meterhohen Buntglasfenster in das Obergeschoss spurtet. Im Vorübergehen hat er sich in der Küche einen Orangensaft geholt und gesehen, wie Ene, das estnische Au-pair-Mädchen, den Kindern Kakao zubereitet. Felix sitzt bereits am Tisch, und Florian, der jetzt hinzukommt, bestürmt Ene, ein Lied zu singen. Am oberen Treppenabsatz bekommt Dr. Fahrenkamp dann gerade noch mit, wie seine neun Jahre jüngere Frau Felicitas im Morgenmantel vom Bad ins Ankleidezimmer eilt.

Frisch geduscht und mit einem weißen Frotteehandtuch über den Schultern kommt Dr. Fahrenkamp wenige Minuten später in das Ankleidezimmer, wo seine Frau auf »ihrer« Seite vor einem geöffneten Kleiderschrank steht.

»Und, wie war's im Freibad?«, fragt sie mit leicht ironischem Unterton.

»Das Wasser war viel zu kalt, du hattest recht«, erwidert ihr Mann. »Aber das Nordic-Walking überlasse ich gerne dir und unserer geselligen Nachbarin. Wie soll der Körper trainiert werden, wenn man die ganze Zeit redet?«

»Sag mal«, leitet Felicitas Fahrenkamp zu einem anderen Thema über, »was hältst du von dem Hosenanzug in Ecru für

heute tagsüber? Ist mir bei dem tollen Wetter fast lieber als der rostrote.«

»Was du heute Nachmittag zur Vernissage in deiner Galerie trägst, wenn dieser schrille amerikanische Maler kommt, ist mir ja egal«, entgegnet Dr. Fahrenkamp trocken. »Aber habt ihr nicht heute Vormittag in Frankfurt einen Termin beim Konsul von Sambia? Da wirst du doch kaum in Eierschalenweiß aufkreuzen wollen! Wir sind schließlich darauf angewiesen, dass die Regierung uns bei unserem Klinikprojekt unterstützt.«

So oder ähnlich könnte es an diesem sonnigen Morgen im Haus der Fahrenkamps in Wiesbaden zugehen. Der Chefarzt einer Mainzer Kinderklinik und die viel beschäftigte Galeristin haben am heutigen Freitag ganz unterschiedliche Termine in ihren Kalendern stehen. Deshalb überlegen sie einen Augenblick länger als gewohnt, wie sie sich kleiden sollen.

Felicitas Fahrenkamp hat rötliche Haare und einen etwas blassen, aber dennoch frischen Teint. Da steht ihr ein gebrochenes Weiß ebenso gut wie ein kräftiges Rostrot. Da sie noch unter 40 ist und eine schlanke Figur hat, neigt sie mehr zum Hosenanzug als zum Kostüm. Der passt auch zu ihrer beruflichen Rolle als Geschäftsfrau in einem kreativen Umfeld. Das helle, reine Weiß würde sich dem Frühlingstag anpassen und sie in ihrer Galerie schlicht, klar und »clean« wirken lassen. Aber sie träte gegenüber den Gästen ihrer Vernissage auch etwas in den Hintergrund. In Rostrot dagegen wäre sie ein Blickfang und würde klar im Mittelpunkt stehen, selbstbewusst und für ihre Kunden als die Chefin erkennbar.

Doch warum machen sich Clemens und Felicitas Fahrenkamp überhaupt so viele Gedanken über ihre Kleidung? Als hoch angesehener Kinderarzt würde Dr. Fahrenkamp kaum seinen Job verlieren, käme er im Jogginganzug in die Klinik und zöge einfach seinen Arztkittel darüber. Und Felicitas Fahrenkamp könnte sich doch genauso bunt anziehen, wie es die Bilder an den Wänden ihrer Galerie sind. Richtig ist, dass heute, anders als etwa noch vor 100 Jahren, niemand mehr gesellschaftlich geächtet wird, wenn er sich »falsch« kleidet. Dennoch bin ich mir sicher, dass der Chefarzt im violetten Jogginganzug oder seine rothaarige Frau im Kostüm mit Blümchenmuster kein stimmiges Bild abgeben würden.

Kleidung

Mit Ihrer Kleidung lösen Sie immer etwas aus, egal, ob Sie es wollen oder nicht. Ihr Gegenüber erfasst intuitiv, ob die Farben, die Sie tragen, zu Ihrem Typ passen. Ebenso vergleicht jeder die Art Ihrer Kleidung mit den Traditionen und Konventionen unserer Gesellschaft. Ob Sie sich für einen bestimmten Anlass so kleiden, wie es schon Ihre Großeltern getan hätten, oder ob Sie im Gegenteil demonstrieren, dass Sie mit den Traditionen nicht vertraut oder sie Ihnen egal sind – stets vermittelt Ihre Kleidung eine Botschaft. Und da ist es doch souveräner, sich bewusst zu entscheiden, welche Botschaft Sie mit Ihrem Outfit aussenden. Dazu sollten Sie sich einerseits ein paar Gedanken darüber machen, was für ein Typ Sie sind. Und andererseits wissen, welche Konventionen sich in Bezug auf Kleidung in den vergangenen gut 100 Jahren herausgebildet haben.

Als Grundprinzip kann heute gelten, dass die Kleidung nicht von Ihrer Person ablenken soll. Im Idealfall bringt sie Ihren Typ erst richtig zur Geltung. Jede Farbe, die Sie anhaben, wird von Ihrem Gesicht reflektiert. Farben, die zu Ihnen passen, spiegeln sich dort angenehm und ziehen die Blicke Ihres Gegenübers an. So werden Sie als stimmig und authentisch wahrgenommen. Das ist ein schönes Gefühl. Kleiden Sie sich dagegen unvorteilhaft, also gegen Ihren Typ, dann werden Sie erleben, dass andere Menschen immer irgendetwas an Ihnen stört. Ihr Gegenüber kann es sich vielleicht gar nicht erklären, aber irgendwie wirken Sie unstimmig, unharmonisch und nicht ganz echt. Da beißt sich einfach was. Vor allem im Berufsleben entsteht so schnell unterschwelliges Misstrauen, und der Umgang wird schwierig. Das ist kein schönes Gefühl.

Was für die Kleidung richtig ist, das gilt für Frauen übrigens ganz ähnlich beim Thema Frisur und Parfüm. Es sieht einfach gut aus, wenn die Frisur ein Pendant zur Gesichtsform bildet, statt diese zu wiederholen. Langweilig wäre ein rundes Gesicht mit einer kreisrunden Brille und einem Pagenschnitt. Da ist dann einfach keine Spannung drin. Ein gewisser Kontrast bringt die Person dagegen zur Geltung. Und was das Parfüm angeht, möchte sicher niemand, der einer Person begegnet, von einer Duftwolke abgelenkt werden. Bei dezent verwendeten Düften empfehle ich, immer auch Anlass und Tageszeit zu bedenken. Das heißt, tagsüber, zumal im Businessbereich, sind leichte, frische Düfte angenehm. Abends kann es dann gern ein »orientalisches« Parfüm sein. Frisur Parfüm

Doch noch einmal zurück zum Thema Farben. Die Wirkung der Farben auf uns Menschen hat als Erster der Schweizer Kunstpädagoge Johannes Itten beschrieben. Ende der 1920er Jahre war ihm bei seinen Berner Kunststudenten aufgefallen, dass jeder beim Malen eine eigene Farbpalette verwendete. Und sie passte zur jeweiligen Haar- und Gesichtsfarbe des Studenten. Da machte Itten ein aufschlussreiches Experiment. Er bat die Studenten, innerhalb von zwei Stunden ein Bild zu malen, verließ für diese Zeit den Raum und konnte, als er nach der verabredeten Zeit wieder hereingekommen war, anhand der Farbwahl jedem Studenten aus der Klasse eindeutig dessen Bild zuordnen. Farben

Jeder Mensch besitzt ein einmaliges Naturell. Dazu gehört auch die individuelle Mischung aus Haut- und Haarfarbe. Künstlerisch begabte Menschen wissen intuitiv, welche Farben damit harmonieren. Alle anderen können es lernen. Es war eines der berührendsten Erlebnisse in meinem Leben, als mir eine Beraterin, in einer dreistündigen Sitzung die Farbschattierungen meiner Haut, meiner Augen und meiner Haare detailliert zeigte und erklärte. Als sie die einzelnen Farben erläuterte, wurde für mich unmittelbar erlebbar, was menschliche Identität bedeutet. Heute setze ich die Farben meiner Kleidung ganz bewusst ein, um als Persönlichkeit intensiver wahrgenommen zu werden.

7:13 Uhr. Freier Bürger oder Soldat in Uniform?

»Meinst du etwa, ich soll im Konsulat ein dunkelblaues Kostüm tragen?«, fragt Felicitas Fahrenkamp ihren immer noch skeptisch blickenden Mann. »Ich werde bestimmt nicht dem Konsul zuliebe auf konservative Businesslady machen. Schließlich betreibe ich eine Galerie und keine Sparkasse.«

»Sorry, Schatz«, beschwichtigt Dr. Fahrenkamp. »Ich wollte dich ja nur darauf hinweisen, dass es auf dem diplomatischen Parkett ziemlich förmlich zugeht.«

»Selbst wenn es so wäre, heißt das ja nicht, dass ich uniformiert wie eine Stewardess aussehen muss«, entgegnet seine Frau.

»Aber mach doch für den Konsul wenigstens ein bisschen auf seriös und zieh dich dann später in der Galerie um«, schlägt Dr. Fahrenkamp vor.

»Das ist mir viel zu viel Theater«, meint Felicitas Fahrenkamp. »Dann muss ich mich ja auch umschminken. Dafür fehlt mir einfach die Zeit. Nein, ich bin mir jetzt ziemlich sicher, dass es der rostrote Hosenanzug sein soll. Der ist für beide Anlässe perfekt.«

»Wenn du meinst,« entgegnet ihr Mann. »Aber so ein aggressives Rot finde ich schon ziemlich gewagt für einen Termin in einem Konsulat.«

»Du vergisst offenbar«, sagt Felicitas Fahrenkamp selbstbewusst, »dass wir hier vom Konsul von Sambia sprechen. Dieses Land liegt, wie du weißt, in Afrika. Und wie kleiden sich die Frauen in Afrika? Na? Farbenfroh kleiden sie sich. Je bunter, desto besser. Ich sage dir, der Mann wird mich lieben in diesem Rot!«

»Also gut«, sagt Dr. Fahrenkamp schmunzelnd. »Du hast gewonnen.«

Farben und Formen der Kleidung typgerecht auszuwählen ist die eine Seite. Die andere Seite ist der jeweilige äußere Rahmen, also entweder ein bestimmter Termin oder ganz allgemein die berufliche Rolle, die Sie einnehmen. Bei praktisch jedem Anlass begegnen Ihnen Traditionen und Konventionen, so dass Sie sich entscheiden müssen, inwieweit Sie ihnen einfach folgen oder inwieweit Sie Ihre Individualität dagegensetzen möchten.

Allgemein kommt es heute nicht mehr so sehr darauf an, was »man« trägt, sondern was Sie Ihrem Gegenüber zu signalisieren beabsichtigen. Jede Farbe löst ganz bestimmte Gedanken und Gefühle aus (siehe Kasten Seite 18) Und aus der Art Ihrer Kleidung ziehen andere automatisch Rückschlüsse auf Ihre gesellschaftliche Position oder Ihre Rolle bei einem bestimmten Anlass. Es ist immer eine Frage der sozialen Kompetenz, zwischen dem Wunsch nach Ausdruck der eigenen Persönlichkeit und der Rücksicht auf die Erwartungen anderer die richtige Balance zu finden.

Dresscodes

Dresscodes gibt es heute immer noch, selbst wenn sie weniger verbindlich geworden sind. Sie haben stets etwas mit Uniformierung zu tun. Früher, als Soldaten noch in offener Feldschlacht gegeneinander kämpften, diente die Uniform dazu, Freund von Feind zu unterscheiden. Wenn Sie Dresscodes befolgen, dann zeigen Sie immer, dass Sie zu einer bestimmten »Truppe« gehören. Bei Polizisten, Hotelpagen oder Flugbegleitern ist das ja auch sehr nützlich.

Wer sich aber in einer Bank oder einem Großkonzern einem Dresscode unterwirft und ausschließlich dunkelgraue Anzüge oder Kostüme trägt, der hält sich eher an eine ungeschriebene Regel, von der die Kunden keinen unmittelbaren Vorteil haben. Er möchte nicht auffallen, keinen Fehler machen und das sichere Gefühl haben, dazuzugehören. *Für mich ist es eine Frage der Zivilcourage, wie sehr jemand so etwas mitmacht oder eben nicht.* Ich kenne eine weibliche Führungskraft bei einer Frankfurter Großbank, die als Einzige in ihrem gläsernen Büroturm leuchtend rote Businesskostüme trägt. Dazu gehört sicherlich Mut. Aber sie versichert mir, damit nur positive Erfahrungen gemacht zu haben. Und ob eine Frau nun Führungskraft bei einer Bank ist oder in einem Kaufhaus an der Kasse sitzt, macht prinzipiell keinen Unterschied.

Schwarzer Talar oder »Blaumann«? Kleiderfarben und wie sie wirken

Jede Farbe, die Sie anziehen, löst bei Ihrem Gegenüber etwas aus. Das liegt sowohl an dem unmittelbaren emotionalen Effekt als auch an der Geschichte bestimmter Kleidungsstücke in unserer Kultur. Hier die wichtigsten Farben und ihre Wirkung im Überblick:

* Weiß ist traditionell die Farbe des Luxus, der Reinheit und der Jungfräulichkeit. Reine weiße Kleidung herzustellen war früher sehr aufwendig. Da sie schnell verschmutzt, war sie schwierig zu pflegen, wofür man teures Personal brauchte. Frauen heiraten in Weiß, und auch der Papst trägt Weiß. Weiß wirkt edel und feierlich.
* Schwarz, ebenso wie dunkles Grau, ist die Farbe der Autorität. Pfarrer und Richter tragen traditionell Schwarz, Männer generell bei offiziellen Anlässen. Vor allem in der Kombination mit Weiß wirkt Schwarz festlich. Früher trugen Großbürger, wie etwa Fabrikanten, grundsätzlich schwarze Anzüge. Daher stammt heute noch der dunkelgraue Businessanzug.
* Blau ist die Farbe des Wassers und des Himmels, des Geistes und der Ewigkeit. Aber es war früher auch die Farbe des Arbeiters, im Gegensatz zum schwarz gekleideten Bürger. Man denke an den »Blaumann« oder an die »Blue Jeans«, die in den USA als einfache, robuste Arbeiterhose erfunden wurde. Im Berufsleben steht Blau heute für Seriosität und Kompetenz. Insgesamt wirkt diese Farbe eher neutral.
* Rot ist die Farbe des Feuers, der Liebe und der Leidenschaft. Sie hat die höchste Energieausstrahlung von allen Farben. Wer Rot trägt, der nimmt in Kauf aufzufallen. Rote Kleidung ist immer ein Statement: »Ich bin da, ich lebe.« In einem roten Hosenanzug wird eine

Gastgeberin sofort wahrgenommen und rückt sichtbar in den Mittelpunkt.

* Orange wirkt weniger stark als Rot. Es gilt als die Farbe der Jugendlichkeit.
* Gelb ist die Farbe der Sonne und der Energie, aber auch eine starke Signalfarbe. Das gilt insbesondere in der Kombination mit Schwarz – denken Sie nur an gelbschwarze Warnschilder vor Gefahren. Diese intensive Wirkung macht Gelb mehr zur Akzentfarbe, etwa für eine Krawatte oder ein Tuch.
* Grün ist die Farbe der Frische, der Dynamik und des Sports. Grüne Kleidung gehört eindeutig in den Freizeitbereich. Im Businessbereich kann man damit allenfalls Akzente setzen.
* Petrol, eine Mischung aus Grün und Blau, ist eine sehr interessante Farbe, die Frauen auch zu festlichen Anlässen tragen können.
* Braun in allen Schattierungen drückt Natürlichkeit, Naturverbundenheit und Bodenständigkeit aus. Deshalb funktionieren Erdfarben im Berufsleben weniger gut als in der Freizeit.

Für Felicitas Fahrenkamp spielt schließlich auch die Bequemlichkeit eine Rolle. Sie wird an diesem Tag viel unterwegs sein, da wäre ein Rock einfach unpraktisch. Und sie hat weder Zeit noch Lust, sich ständig umzuziehen und umzuschminken. Die richtige Kleidung ist meistens auch ein Kompromiss, bei dem Sie Ihren gesamten Tagesablauf berücksichtigen.

7:17 Uhr. Perfekt in Schale, wenn es förmlich oder feierlich wird

»Und wie steht es mit dir?«, fragt Felicitas Fahrenkamp ihren Mann, als sie ihren rostroten Hosenanzug aus dem Schrank geholt hat. »Zieh dich doch am besten gleich für Winfrieds 50.

Geburtstag an. Und in der Klinik, wenn die Besuchergruppe kommt, ziehst du einfach deinen weißen Kittel darüber.«

»Klingt gut«, antwortet Dr. Fahrenkamp, wie immer dankbar für die praktische Veranlagung seiner Frau. »Also schwarzer Anzug und weißes Hemd. Aber welche Krawatte nehme ich?« Der Chefarzt lässt zwei auffällig gestreifte Exemplare durch die Finger gleiten.

»Auf keinen Fall eine von den amerikanischen«, sagt Felicitas Fahrenkamp streng. »Die hättest du besser in Houston gelassen. Aber nimm doch die dunkelrote mit den weißen Punkten. Und steck für das Fernsehinterview noch zwei, drei als Alternative ein.«

»Die Fernsehaufzeichnung!«, stöhnt der Chefarzt. »Die hat mir heute gerade noch gefehlt. Also im schwarzen Anzug trete ich nicht vor die Kamera, lieber ziehe ich mich vorher um. Wie wär's mit dem neuen Anzug? Ich meine den mit dem Hahnentrittmuster.«

Felicitas Fahrenkamp schaut skeptisch. »Nimm lieber noch den blauen Nadelstreifenanzug mit, dann bist du auf der sicheren Seite.«

»Wenn du meinst«, entgegnet Dr. Fahrenkamp etwas ungeduldig.

»Und falls du deinen Smoking für heute Abend suchst, den habe ich schon in den Koffer gepackt«, wirft Felicitas Fahrenkamp ein.

»Und mit welchem Abendkleid wirst du Berlin entzücken?«

»Mit dem petrolfarbenen vom Silvesterball hier in Wiesbaden. Das ist schließlich erst vier Monate alt. Aber ich habe mir selbstverständlich ein neues Handtäschchen gekauft. Guck mal!«

Zu seinem Leidwesen muss Dr. Fahrenkamp heute gleich für mehrere wichtige Anlässe passend gekleidet sein. Zunächst erwartet er eine Gruppe von Kongressteilnehmern in seiner Kinderklinik. Dann fährt er zum 50. Geburtstag seines

Schulfreundes, eines Frankfurter Bankers, den dieser auf einem Weingut im Rheingau feiert. Anschließend wird er zu seinem Engagement für Kinder in Sambia im Fernsehen interviewt. Und abends fliegt er schließlich noch nach Berlin zu einem Galadiner, mit dem Spenden für ein Klinikprojekt in Afrika gesammelt werden sollen. Es gibt eine Untersuchung, wonach 90 Prozent der Männer schon im Geschäft nicht bereit sind, mehr als zwei Anzüge anzuprobieren. Da bedeutet solch ein Tag für den Chefarzt natürlich Stress. Wie gut, dass er noch seinen Arztkittel zum Überziehen hat und so wenigstens einmal Umziehen spart.

Anzüge

Der 50. Geburtstag des Schulfreundes ist ein privater, aber sehr festlicher Anlass am späten Vormittag. Der Jubilar feiert nicht im engsten Kreis, sondern hat zahlreiche Gäste aus Wirtschaft und Politik eingeladen. Mit einem hochwertigen schwarzen oder anthrazitfarbenen Anzug ist Dr. Fahrenkamp da gut gekleidet. Das weiße Hemd bildet dazu einen starken Kontrast. Da der Arzt eher dunkle Haare und eine leicht gebräunte Haut hat, steht ihm dies gut. Außerdem vermitteln Schwarz und Weiß traditionell Festlichkeit.

Einen offenen Hemdkragen fände ich für diesen Anlass viel zu leger. Aber mit der Wahl der Krawatte tut sich Dr. Fahrenkamp schwer. Bunte Streifen sind im Büro vielleicht noch ganz witzig, wirken aber absolut nicht feierlich. Übrigens sind amerikanische Krawatten von links oben nach rechts unten statt wie in unseren Breiten üblich von links unten nach rechts oben gestreift. Also Vorsicht beim Shopping in den USA! Felicitas Fahrenkamp hat hier wieder einmal eine glückliche Hand. Eine dunkelrote Krawatte mit kleinen weißen Punkten wirkt sehr dezent, edel und festlich. Damit ist ihr Mann bestens gekleidet.

Krawatte

Da es sonnig und warm zu werden verspricht, wird Dr. Fahrenkamp wahrscheinlich nichts unter seinem weißen Hemd tragen. Wäre es Winter, würde ich ein ärmelloses Muscleshirt mit Rundhals empfehlen. Auf keinen Fall ein klassisches Unterhemd oder ein T-Shirt, denn irgendwann

Hemd

zieht man doch einmal das Jackett aus, und dann zeichnet sich deren Form unter dem weißen Hemd sichtbar ab. Das ist immer ein irgendwie lächerlicher Anblick. Für festliche Anlässe empfehle ich Männern immer ein Hemd mit Manschetten und dazu echte Manschettenknöpfe aus Silber. Und die Schuhe? Schwarze Monks fände ich sehr stilvoll.

Fernsehstudio

Im Fernsehstudio, wo Dr. Fahrenkamp zu seinem Engagement für den Bau einer Klinik in Afrika interviewt wird, käme ihm der festliche schwarze Anzug zu Recht deplaziert vor. In der Nachmittagssendung würde er damit overdressed und wie verkleidet wirken. Außerdem ist Schwarz für die Kameras zu dumpf. Aber ob der Anzug mit dem Hahnentrittmuster der richtige Griff ist? Felicitas Fahrenkamp trifft jedenfalls eine gute Wahl, wenn sie ihrem Mann einen royalblauen Nadelstreifenanzug empfiehlt. Er sieht darin souverän und kompetent aus. Mit farblich abgestimmter Krawatte wirkt dieses Outfit deutlich seriöser als mit offenem Hemdkragen, der vor allem im Sommer auch möglich wäre und den Anzugträger etwas jugendlicher wirken ließe.

Eine gute Idee ist es, mehrere Krawatten einzustecken und sich dann mit der Maskenbildnerin abzustimmen, welche vor der Kamera am günstigsten ist. Beim Binden der Krawatte würde ich immer auf die Länge achten. Üblich ist, dass die Spitze auf dem Gürtel aufliegt. Dann zeigt die Krawatte sozusagen an, wo die besonderen Stärken des Mannes liegen … Ein Endvierziger wie Dr. Fahrenkamp sollte von einer Krawattennadel die Finger lassen, denn dafür ist er immer noch viel zu jung. Auch von einem Einstecktuch würde ich ihm abraten – es wäre mir zu snobistisch, da er weder Banker noch Schriftsteller ist.

»Black-Tie-Anlass«

Der Abend in Berlin bedeutet für Dr. Fahrenkamp einen klassischen »Black-Tie-Anlass« (siehe Kasten nebenan). Er trägt einen Smoking, also einen schwarzen Gesellschaftsanzug mit Seidenrevers. Dazu passt eine schwarze Fliege. Er könnte aber auch Fliege, Einstecktuch und Kummerbund in Weinrot tragen, um etwas jugendlicher zu wirken. Anders als beim Geschäftsanzug ist es hier durchaus üblich, das Einstecktuch in derselben Farbe zu wählen wie den Stoff, den man am Hals trägt. Hoch glänzende schwarze Schuhe und ein eigenes Smokinghemd mit verdeckter Knopfleiste und Manschettenknöpfen runden dieses Outfit ab.

Black and white: Kleidung für gesellschaftliche Anlässe

Welche Kleidung bei einem gesellschaftlichen Anlass erwartet wird, findet sich traditionell – und heute noch in der Society – auf der Einladung vermerkt. Auch die Uhrzeit spielt eine Rolle. Man unterscheidet grundsätzlich zwischen zwei Anlässen: »Black Tie«, benannt nach der schwarzen Fliege zum Smoking, und »White Tie«, benannt nach der weißen Fliege zum Frack. Die Kleidung der Dame richtet sich nach dem, was für den Herrn gewünscht wird.

- Den Smoking trägt der Herr bei gesellschaftlichen Ereignissen nach 15 Uhr, wie z. B. Hochzeiten, Opernaufführungen oder offiziellen Empfängen. Zu diesem Outfit gehören Jackett mit Seidenrevers, Weste oder Kummerbund, Smokinghemd mit Schleife, Manschettenknöpfe und schwarze Lackschuhe.
- Frack tragen Herren bei besonders eleganten gesellschaftlichen Ereignissen nach 18 Uhr oder nach Einbruch der Dunkelheit, wie z. B. bei Banketten, Bällen oder festlichen Premieren. Zum Outfit gehören weiße, tief ausgeschnittene Piqué-Weste, weißes Frackhemd mit verdeckter Knopfleiste, Umschlagmanschetten, weiße Schleife, schwarze Lackschuhe und schwarzer Zylinder.
- Ein »Black-Tie-Anlass«, bei dem der Herr Smoking trägt, erlaubt der Dame jede Art von Abendgarderobe. Das kann das »kleine Schwarze« (knielang oder kürzer) sein, das lange festliche Kleid, der festlich-elegante Hosenanzug oder die Rock-Bluse-Kombination.

* Ein »White-Tie-Anlass«, bei dem der Herr den sogenannten »großen Gesellschaftsanzug«, also Frack, trägt, bedeutet für die Dame immer ein langes Abendkleid. Es ist meistens dekolletiert und wird durch Stola, Cape oder Jacke komplettiert. Dazu gehören traditionell farblich passende Seidenschuhe, die kleine Abendhandtasche sowie elegante, lange Seidenhandschuhe, die beim Begrüßen nicht abgelegt werden müssen.
* Das »Dinner-Jacket«, auch »Tuxedo« genannt, ist eine helle, sommerliche Version des Smokings. Es wird z. B. bei Hochzeiten, Sommerfesten im Freien, Cocktailpartys oder Kreuzfahrten getragen. Die Schleife kann farbig sein, die Hose ist immer schwarz.
* Der »Cutaway« oder »Morning Coat« ist für den Herrn der »Frack des Tages« für Anlässe bis 15 Uhr, seien es Hochzeiten, Pferderennen, hochoffizielle Empfänge oder Trauerfeierlichkeiten. Traditionell gehört hierzu ein Jackett mit abgerundeten »Schwalbenschwänzen«, ein weißes Kragenhemd, eine graue Weste und eine silbergraue Krawatte. Die Alternative bildet ein Hemd mit Kläppchenkragen und dezent grauem Plastron, der mit einer Perlennadel verziert wird.

Felicitas Fahrenkamp hat sich entschieden, beim Galadiner in Berlin dasselbe Abendkleid zu tragen, das sie schon beim Silvesterball in Wiesbaden vier Monate zuvor anhatte. Das ist ökonomisch und gut machbar, weil die beiden Städte weit genug auseinanderliegen und es auf der Gästeliste keine Überschneidungen gibt. Wichtiger als das Abendkleid ist seit einigen Jahren ohnehin das Handtäschchen. Am besten ist es hier ein künstlerisch gestaltetes Unikat, das zum Kleid ebenso passt wie zu seiner kreativen Trägerin. Das liegt gerade international absolut im Trend. Felicitas Fahrenkamp könnte sich für ein Täschchen mit Stickereien entschieden haben, die farblich zu ihrem Abendkleid passen. So ein Etwas ist übri-

Handtasche

gens gar nicht unbedingt teuer. Es soll ja auch handgemacht aussehen.

Abendkleid

Das Abendkleid der Galeristin ist lang und dekolletiert, petrolfarben und aus Wildseide. Felicitas Fahrenkamp hat eine schlanke Figur, deshalb kann sie gut Seide tragen, auch wenn es generell heißt, dass Seide »dick macht«. Die Farbmischung aus Grün und Blau wirkt schillernd und spannungsreich, sie passt perfekt zu einem besonderen Abend. Die Gastgeberin ist damit weder zu aufdringlich noch langweilig angezogen. Zum langen Abendkleid werden keine Strümpfe getragen. Traditionell sind farblich passende Seidenschuhe angesagt, aber Felicitas Fahrenkamp könnte sich ebenso gut für schöne Sandaletten entscheiden. Und welchen Schmuck nimmt sie mit? Im Trend läge ein Collier aus Zirkonia, der besten Diamantimitation, die einfach fantastisch glitzert. Nun muss das ganze Outfit nur noch die Reise unbeschadet überstehen. Vielleicht ist ihr Mann ja behilflich.

Zugegeben, ein solch gedrängtes Tagesprogramm wie unsere Fahrenkamps haben im wirklichen Leben allenfalls Staatschefs oder Superstars. Trotzdem lohnt es sich für jeden, der authentisch und stilvoll auftreten möchte, sich über die passende Kleidung für den Typ und den jeweiligen Anlass ein paar Gedanken zu machen. *Der beste Tipp, den ich Ihnen dazu geben kann, ist, zumindest einmal im Leben für drei Stunden einen Coach zu engagieren, der Ihnen hilft, Ihre Farben und Ihre typgerechte Kleidung zu entdecken.* In diesem Kapitel konnte ich Ihnen dazu nur einige Beispiele geben. Jeder Mensch ist anders und sollte sich deshalb auch anders kleiden. Am besten gehen Sie mit einem Coach auch einmal Ihren Kleiderschrank durch. Eine Adressliste von professionellen Beratern finden Sie im Internet unter www.typberatung.de. Weiterhin kann ich Ihnen nur raten, sich beim Einkaufen viel Zeit zu lassen. Wenn Ihnen Freitagmittag einfällt, dass Sie für Samstagabend ein neues Outfit brauchen, kann das Kaufen unter solchem Druck keinen richtigen Spaß mehr machen. Auch ist es besser, in der Woche mal einen Vormittag frei zu nehmen, als sich Samstagmittag ins Gewühl zu stürzen. Männern kann ich nur empfehlen, keine Einzelstücke zu kaufen, sondern sich jeweils komplett einzukleiden, also etwa mit einem Anzug plus zwei Hemden und zwei Krawatten, die dazu passen. Frauen sollten lieber die beste Freundin als den Ehemann mit auf Einkaufstour nehmen, es sei denn, der Geschmack des Gatten ist über jeden Zweifel erhaben. Generell sollte man sich, auch wenn man zu zweit loszieht, immer nur auf eine Person konzentrieren, denn es bedeutet Stress, immer gleichzeitig Berater und Beratener zu sein.

8:00 Uhr

»Erstmal die E-Mails sichten.«

Stilsicher per E-Mail, Handy & Co.

Welches Medium wählen? | Richtiger Umgang mit E-Mails | Aufdringlichkeit vermeiden | Glückwünsche | Heikle Gespräche am Telefon | Welcher Kommunikationstyp sind Sie?

»Entschuldigen Sie bitte, Herr Doktor Fahrenkamp, ich habe die Straßenbahn verpasst und musste den Bus nehmen«, sagt Christiane Reine, die Sekretärin von Dr. Fahrenkamp, gleich nach der Begrüßung. »Deshalb ist es etwas später geworden.« Aufrecht und selbstsicher steht sie im Büro ihres Chefs in der Mainzer Kinderklinik.

»Kein Problem«, entgegnet Dr. Fahrenkamp der Endfünfzigerin und schaut wieder auf den Computerbildschirm. Er sitzt an einem schweren Schreibtisch aus Eichenholz, den sein Vorgänger in den Achtzigerjahren für viel Geld angeschafft hat. Gerade hat er sein E-Mail-Programm geöffnet.

»Jetzt schauen Sie sich das mal an, Frau Reine«, sagt Dr. Fahrenkamp etwas dramatisch. »Dreimal fast die gleiche Mail: Erst ›Testen Sie Viagra jetzt!‹, dann ›Viagra günstig wie nie‹ und dann noch ›Viagra direkt aus den USA‹.«

»Na, wenn Sie solche Angebote nicht nötig haben«, bemerkt Christiane Reine süffisant, »dann würde ich an Ihrer Stelle einen Spamfilter einrichten.«

»Spamfilter? Von so was habe ich schon mal irgendwo gelesen«, entgegnet der Chefarzt skeptisch. »Bei siebzig Mails nach einem Tag Abwesenheit wäre das vielleicht wirklich nicht schlecht. Bloß gegen unseren lieben Verwaltungsleiter Liebermann gibt es bestimmt noch keinen Filter. Schauen Sie mal hier!«

Christiane Reine, die inzwischen neben ihrem Chef steht, blickt auf den Flachbildschirm. Mit dem Absender »Georg Liebermann« findet sich eine ganze Liste ungelesener E-Mails.

»›Neue Öffnungszeiten der Patientenkantine‹«, liest Frau Reine die Betreffzeilen laut vor, »›Aschenbecher im Eingangsbereich entfernt‹, ›Besucherparkplätze neu abmarkiert‹ – unser junger Überflieger hat mal wieder alle und jeden auf ›CC‹ gesetzt. Und die letzte Mail hat er um 2.23 Uhr nachts verschickt.«

»Schlaflos in Seattle«, bemerkt Dr. Fahrenkamp kopfschüttelnd. »Hat wohl kein Privatleben, der gute Mann.«

»Wenigstens sind seine Betreffzeilen eindeutig«, sagt Frau

Reine anerkennend. »Einige Ihrer Patienten scheinen sich die ja lieber ganz zu sparen. Dafür schickt Ihnen ein Patient einen Anhang mit dreizehn Megabyte. Meine Güte!«

»Das ist kein Patient, sondern mein ehemaliger Professor, mit dem ich heute privat befreundet bin. Jetzt ist er mit 64 noch einmal Vater geworden und mailt mir laufend Fotos von seiner Tochter.«

»Womit wir fast wieder beim Thema Viagra wären.«

E-Mail

Chefarzt Dr. Fahrenkamp bearbeitet seine E-Mails selbst. Ich kenne auch Chefs, die alle E-Mails erst von ihrer Assistentin sortieren oder sich sogar ausgedruckt vorlegen lassen. Die Antworten sprechen sie dann auf das Diktiergerät und lassen sie im Vorzimmer abtippen und versenden. Mir ist es offen gestanden sympathischer, wenn der Chef sich hier eigenständig und zupackend zeigt und seine E-Mails selbst verwaltet. Sogar bei relativ hohem E-Mail-Aufkommen geht das in der Regel auch schneller.

Allerdings hätte Dr. Fahrenkamp noch mehr Freude beim morgendlichen Blick in den elektronischen Posteingang, wenn die Absender sich etwas mehr Gedanken machen würden, was sie da eigentlich verschicken. Da ist zunächst die Flut der unerwünschten Werbemails, auch »Spam« oder »Junk-Mails« genannt. In Europa sind Angebote per E-Mail schon seit längerem nur noch dann erlaubt, wenn der Empfänger dem ausdrücklich zugestimmt hat oder mit dem Absender bereits in einer geschäftlichen Beziehung steht. Newsletter und regelmäßige Angebote müssen Sie selbst als Kunde einer Firma jederzeit wieder abbestellen können.

Leider kommt inzwischen der meiste »Spam« aus Übersee, verschickt unter ständig wechselnden »Dotcom«-Adressen, so dass Sie als Empfänger keine Chance haben, dagegen vorzugehen. Ich halte es deshalb für ratsam, einen »Spamfilter« einzurichten, der solche unerwünschten Werbemails mit sehr hoher Treffsicherheit erkennt und gar nicht erst im Posteingang auftauchen lässt. Der Filter lässt sich sowohl in E-Mail-Programmen wie »Outlook« oder »Entourage« als auch bei vielen Zugangsanbietern einrichten. Doppelt genäht hält am besten. Und ich verlasse mich auch ganz auf den Spamfilter, das heißt, ich kontrolliere die aussortierten E-Mails nicht noch einmal nach. Für den unwahrscheinlichen Fall, dass einmal eine E-Mail zu Unrecht herausgefiltert wird, ist es bestimmt kein Drama, wenn der Absender sich noch einmal auf anderem Wege melden muss.

E-Mail versenden

Das wird ohnehin fast nie der Fall sein, wenn der Absender ein paar einfache Grundregeln beim Versenden von E-Mails beachtet hat. Im Prinzip brauchen Sie sich nur einmal in die Lage des Empfängers zu versetzen und sich vorzustellen, wie er Ihre E-Mail in seinem Posteingang vorfinden wird. Machen Sie es ihm leicht, Ihr Anliegen zu verstehen und darauf zu reagieren, oder machen Sie es ihm unnötig schwer?

Immer wieder erhalte ich beispielsweise E-Mails, bei denen die Betreffzeile komplett fehlt. Ich muss die Nachricht also erst öffnen und lesen, um zu erfassen, worum es geht. *Mit einer aussagekräftigen und klaren Betreffzeile kann ich die Nachricht dagegen sofort nach Thema und Dringlichkeit einordnen. Stellen Sie deshalb mit der Betreffzeile einen möglichst eindeutigen Bezug zum jeweiligen Sachverhalt her.* Ein Patient von Dr. Fahrenkamp könnte also etwa schreiben »Unser Untersuchungstermin« oder »Ihre Diagnose«. Noch besser ist es, eine Datumsangabe hinzuzufügen, also etwa: »Untersuchung meiner Tochter am 26.05.«. Wenn Sie eine konkrete Bitte haben, etwa einen Termin vereinbaren möchten, können Sie auch das bereits in der Betreffzeile ausdrücken.

Genauso wie die Betreffzeile springt dem Empfänger der Absendername ins Auge. Achten Sie bei der Einrichtung Ihres Mailprogramms darauf, dass Sie Ihren Namen richtig eintragen. Sicherheitshalber sollten Sie eine Testmail an sich selbst schicken. Es kommt nämlich immer wieder vor, dass jemand unter »Benutzername« nur seinen Vornamen einträgt und sich gar nicht darüber im Klaren ist, dass im Posteingang des Empfängers dann auch nur sein Vorname erscheint. Wenn aber der Arzt eine E-Mail von »Claudia« bekommt, macht das bestimmt keinen guten Eindruck.

Absendername

Geben Sie also Vorname und Nachname als Absendernamen ein. Im Geschäftsleben eventuell noch den Namen Ihrer Firma oder Institution – wenn es nicht zu lang wird. Eine E-Mail von Dr. Fahrenkamp sollte also am besten mit dem Absender »Dr. Clemens Fahrenkamp« und eventuell dem Zusatz »Kinderklinik Mainz« bzw. einer allgemein bekannten Abkürzung wie »KKM« beim Empfänger erscheinen. Bei einem Geschäftsmann fände ich es angenehmes Understatement, wenn er den Doktortitel in der Absenderangabe wegließe. Dagegen würde ich einem Arzt immer zur Angabe des Titels raten, weil »Herr Doktor« hier auch eine Art Berufsbezeichnung ist und den Patienten diese Information nicht vorenthalten werden sollte.

Option »Wichtigkeit hoch«

Manche Zeitgenossen verschicken ihre E-Mails mit der Option »Wichtigkeit hoch«, so dass im Posteingang des Empfängers ein rotes Ausrufezeichen erscheint. Ich würde immer lieber den Empfänger entscheiden lassen, wie wichtig ihm meine Zeilen sind. Einer der wenigen Ausnahmefälle wäre, dass ich einen Termin kurzfristig absagen muss, den Empfänger aber telefonisch nicht erreicht habe. Eleganter ist jedoch auch hier ein entsprechend deutlicher Hinweis in der Betreffzeile.

Jedes E-Mail-Programm zeigt auf die Minute genau an, wann eine Nachricht versendet wurde. Achten Sie auf solche Details? Ich gebe gerne zu, dass ich das tue. Und ich stutze jedes Mal, wenn mir jemand eine geschäftliche E-Mail mitten in der Nacht oder am Sonntagvormittag um 11.30 Uhr geschickt hat. Da mache ich mir dann so meine Gedanken über den Lebensstil des Gegenübers und frage mich unweigerlich, ob er seinen Zeitplan im Griff hat und ob ihn seine Familie auch mal zu Gesicht bekommt.

Sonntagabend eine E-Mail zu bekommen ist für mich gerade noch im grünen Bereich, weil viele da nun einmal ihre neue Woche planen. Aber gänzlich daneben finde ich es, wenn mir jemand freitags um 17 Uhr schreibt, was er am Montagmorgen von mir erwartet. Da will mich wohl jemand für das Wochenende beschäftigen. Hauptsache, er selbst hat die Angelegenheit noch von seiner Liste streichen können und kann entspannt ins Wochenende gehen. *Versuchen Sie einfach immer, sich vorzustellen, was Ihre E-Mail beim anderen auslösen wird,* dann passiert Ihnen so etwas sicher nicht.

Kopieempfänger

Bestimmt haben Sie auch schon einmal eine E-Mail bekommen, bei der etliche Personen Kopieempfänger waren, deren Namen und Mailadressen Sie im Feld »CC« lesen konnten. Und vielleicht waren Ihnen einige dieser Namen und Adressen sogar vorher unbekannt. Ich würde, wenn überhaupt, Kopien immer nur als Blindkopien – über das Feld »BCC« – verschicken, denn ich empfinde eine E-Mail-Adresse als persönliche und vertrauliche Information und möchte mir nicht das Recht herausnehmen, sie beliebig Dritten zugänglich zu machen. Verteilerlisten für die Empfänger unsichtbar zu machen ist technisch problemlos möglich und in jedem Fall ein Muss.

Noch wichtiger ist es aber, sich zu fragen, wer überhaupt die Kopie einer E-Mail benötigt. Dr. Fahrenkamp interessiert sich bestimmt nicht besonders für die Abmarkierung der Besucherparkplätze oder die Öffnungszeiten der Patientenkantine. Es wirkt wichtigtuerisch, wenn Verwaltungsdirektor Liebermann ihm zu allen diesen Themen eine E-Mail-Kopie zukommen lässt.

Leider grassiert in Unternehmen und Institutionen seit einiger Zeit die »CC-Manie«, manchmal wohl auch aus Angst, jemanden zu übergehen. Aber wer etwas wissen will, kann auch immer noch gezielt nachfragen. Informationsmüll im Posteingang ist einfach lästig und zeitraubend. Noch mehr Zeit geht freilich verloren, wenn der Internetzugang unversehens blockiert ist, weil jemand ungefragt eine E-Mail mit einem riesigen Dateianhang verschickt hat, die nun minutenlang geladen wird. Nicht jeder besitzt einen DSL-Anschluss mit sechsfacher Geschwindigkeit, ja in einigen ländlichen Regionen ist die neueste Technik gar nicht verfügbar. Aber selbst wer im Büro DSL hat, kann gerade unterwegs sein und seine E-Mails über das Handy auf den Laptop laden wollen. Große Dateianhänge kosten da schnell mal eine halbe Stunde Zeit. Ich jedenfalls kündige E-Mails ab etwa 1 MB Volumen dem Empfänger immer vorher an und vergewissere mich, dass es für ihn in Ordnung ist, eine größere Datenmenge zu empfangen.

Dienstlich oder privat

Ich würde aber selbst mit Vorankündigung niemals private Fotos an eine dienstliche E-Mail-Adresse schicken. Die Familienfotos des Doktorvaters haben auf der Festplatte eines Computers, der dem Krankenhaus gehört, einfach nichts zu suchen.

Schließlich sind private Mailadressen über Anbieter wie GMX oder Web.de für jedermann kostenlos erhältlich. Hat der Arbeitgeber nichts dagegen, sind solche Postfächer ja auch vom dienstlichen Rechner aus über den Webbrowser erreichbar. So bleiben Berufliches und Privates auch bei der E-Mail sauber getrennt.

Wobei der ehemalige Professor und jetzige Freund von Dr. Fahrenkamp sich auch einmal hätte fragen können, ob seine Babyfotos für jemanden außerhalb seiner Familie genauso interessant sind wie für ihn selbst. Ich jedenfalls bin nicht nur gelangweilt, sondern empfinde es außerdem als selbstgefällig, wenn mir jemand ganze Bilderserien von seinen Kindern oder seinen Hobbys zukommen lässt. Anders wäre es zum Beispiel, wenn jemand mir als iPod-Fan aus den USA ein Foto des neuesten iPods schicken würde, der hier noch nicht erhältlich ist. Dann hätte er sich Gedanken gemacht, was den Empfänger und nicht nur ihn selbst interessiert. Und das gehört einfach zur rücksichtsvollen Kommunikation über E-Mail.

8:16 Uhr. Kontaktpflege und Glückwünsche

Begleitet von einer kurzen, hellen Tonfolge erscheint ein Fenster mit einer Terminerinnerung auf dem Computerbildschirm von Dr. Fahrenkamp.

»Jetzt hätte ich über den Geburtstag meines Schulfreundes Winfried fast vergessen, dass der Kollege Stein an der Uniklinik heute auch Geburtstag hat«, sagt Dr. Fahrenkamp halb zu Frau Reine, halb zu sich selbst. »Den rufe ich jetzt gleich mal an.«

»Da erinnern Sie mich jetzt aber auch an etwas«, wirft seine Sekretärin ein. »Nämlich die Geburtstagskarten für Frau Dr. Schade und Herrn Meisner. Einen Augenblick, ich hole sie schnell.«

»Guten Morgen, Herr Stein, hier spricht Clemens Fahrenkamp«, spricht ihr Chef unterdessen in den Telefonhörer. »Ich wünsche Ihnen alles Gute zum Geburtstag. Schade, dass ich Sie nicht persönlich erreicht habe. Ich starte einfach später am Tag noch einen weiteren Versuch. Bis dahin.«

»Ach, nur der Anrufbeantworter. Soll ich Ihnen die Handynummer von Dr. Stein heraussuchen?«, fragt Frau Reine, die mit zwei Glückwunschkarten samt Briefumschlägen in den Raum zurückgekehrt ist.

»Danke, lassen Sie nur«, entgegnet Dr. Fahrenkamp. »Der Kollege ist sicher unterwegs, da möchte ich ihn lieber nicht stören. Heute Nachmittag versuche ich vom Flughafen aus noch einmal, ihn zu erreichen.«

»Dann schauen Sie sich doch jetzt einmal diese beiden schönen Glückwunschkarten an«, sagt Christiane Reine voller Stolz auf ihre Erwerbung. »Ich habe alles vorbereitet. Sie müssen nur noch ein paar persönliche Worte eintragen und unterschreiben.«

»Mir ist schon so richtig zum Feiern zumute«, bemerkt Dr. Fahrenkamp und greift zu seinem Füller.

In einer arbeitsteiligen und mobilen Gesellschaft spielen Medien eine immer größere Rolle, wenn es darum geht, berufliche und private Kontakte zu pflegen. Doch während Jugendliche heute per SMS den ganzen Tag über Kontakt zu ihren Freunden halten, tun ältere Semester sich manchmal schwerer im Umgang mit all den unterschiedlichen Medien: Festnetz- oder Handytelefonat, SMS, E-Mail, Fax, Messages über Businessnetzwerke im Internet oder die gute alte »Schneckenpost« – wie nehme ich am besten Kontakt auf?

Die Wahl des Mediums

Dr. Fahrenkamp verhält sich stilvoll, wenn er einem Kollegen, der Geburtstag hat, telefonisch gratulieren will. Man möchte die Stimme des anderen hören, gratuliert, fragt, wie es geht, betreibt ein paar Minuten Smalltalk und verabschiedet sich dann mit guten Wünschen für den Tag. Ein Geburtstagsgruß per E-Mail wäre allenfalls dann eine Alternative, wenn der Kollege sich in den USA oder einem ähnlich fernen Land aufhielte und ein Telefonat wegen der Zeitverschiebung schwierig ist. Ansonsten wirkt eine E-Mail immer eher kühl und geschäftsmäßig.

Dr. Stein hat eine Mailbox aktiviert, auf der Dr. Fahrenkamp eine Nachricht hinterlassen kann. *Ein Anrufbeantworter ist heute ein absolutes Muss. Der Anrufer sollte auch immer eine kurze Nachricht hinterlassen und nicht einfach wieder auflegen. Sagen Sie am besten Ihren Namen, worum es geht, wie man Sie erreichen kann, und kündigen Sie an, es noch einmal zu versuchen.* Geht es wie hier um einen Glückwunsch zum Geburtstag, dann kann der andere einen zweiten und auch dritten Versuch erwarten. Denn beließe es Dr. Fahrenkamp bei der einen Nachricht, könnte man meinen, er habe nur einer lästigen Pflicht entsprechen wollen. Der Angerufene hat mehrere Mailboxen? Dann hinterlassen Sie ruhig mehrere Nachrichten.

Chefarzt Dr. Fahrenkamp entscheidet sich dafür, seinen Kollegen lieber nicht unter dessen Mobilnummer anzurufen. Das Thema Handy ist heikel, und ich gebe gern zu, dass ich persönlich es ziemlich einschränkend handhabe. Meine neue Handynummer besitzen nur noch eine Hand voll Menschen, darunter keinerlei Geschäftskontakte. Es ist gut und schön, wenn jemand ständig erreichbar sein will, aber jeder hat auch das Recht, sich vor Telefonanrufen, wo immer er geht und steht, zu schützen. *Respektieren Sie es also, wenn Ihnen jemand seine Handynummer nicht verrät oder sein Mobiltelefon fast immer ausgeschaltet hat.*

Ich würde selbst dann niemanden ohne Not unter seiner Mobilnummer anrufen, wenn sie auf der Visitenkarte stünde. Man stört den anderen fast immer, und Gespräche an der Supermarktkasse sind für beide Seiten nicht angenehm. Eine Ausnahme wäre hier vielleicht noch, wenn ich weiß, dass der andere ein ausgesprochener »Handy-Junkie« ist, der permanent mobil telefoniert und den man über das Festnetz praktisch nicht mehr erreicht. Oder wenn es dringend ist und der andere keinen Anrufbeantworter eingeschaltet hat.

Geburtstagsgrüsse per SMS

Und wie steht es mit Geburtstagsgrüßen per SMS? Wenn man einen guten Freund partout nicht anders erreicht, ist die SMS sicher in Ordnung. Im Geschäftsleben werden Kurznachrichten über das Handy aber immer noch als stillos empfunden. Eine SMS ist stets privat und kein Teil der beruflichen Kommunikation. Und ob sie die private Kommunikation immer bereichert, sei dahingestellt. Letzten Sommer saß ich mit meiner Frau in einem Biergarten beim Essen und konnte eine Gruppe von Schülern auf Klassenfahrt beobachten. Da saßen lauter hübsche Mädchen und attraktive Jungs – doch statt sich füreinander zu interessieren, waren sie die ganze Zeit damit beschäftigt, SMS-Nachrichten mit Abwesenden auszutauschen. Das fand ich irgendwie traurig.

Sie haben neue Nachrichten: Welches Medium für welchen Anlass?

Nicht jedes Kommunikationsmedium eignet sich für jeden Anlass gleichermaßen gut. Hier finden Sie ein paar Anhaltspunkte, welches Medium Sie in welchen Fällen wählen können und wie Sie am besten damit umgehen. Wichtig sind aber immer auch Ihre eigenen Vorlieben, Ihr Gespür für die Situation und Ihre Kenntnisse der Gewohnheiten des anderen:

* Telefon: Mit einem Telefonanruf über das Festnetz macht man beruflich wie privat selten etwas falsch. Auch Glückwünsche lassen sich gut telefonisch übermitteln. Beachten Sie aber die üblichen Zeiten: 8–18 Uhr im Business (bei »Kreativen« lieber nicht vor 9 Uhr) und privat bis maximal 19 Uhr. Telefonieren nach 20 Uhr ist im roten Bereich. Bei Privatleuten ist auch ein Anruf mittags zwischen 12 und 14 Uhr meistens ungünstig. Bei Ihnen als Anrufer ist immer Empathie gefragt, herauszufinden, ob der andere sich eventuell gestört fühlt. Hören Sie beispielsweise, wie jemand kaut, sollten Sie vorschlagen, später noch einmal anzurufen. Meldet sich ein Anrufbeantworter, dann hinterlassen Sie am besten immer eine Nachricht. Die Ansage auf Ihrem eigenen Anrufbeantworter sollte stets persönlich sein, auch im Business. Nennen Sie Ihren Vor- und Nachnamen und bitten Sie um eine Nachricht. Sprechen Sie nicht zu schnell und nehmen Sie die Ansage an einem ruhigen Ort auf.
* Mobiltelefon (»Handy«): Bedenkenlos mobil anrufen können Sie Handwerker und Dienstleister, insbesondere wenn diese ständig unterwegs sind. Bei allen anderen ist die Büro- bzw. Festnetznummer immer die erste Wahl. Außer in Notsituationen ist es besser, eine Nachricht zu hinterlassen, als jemandem mobil hinterherzutelefonieren. Die Gefahr, jemanden zu stören, ist einfach sehr groß. Wenn Sie selbst einen Anruf am Handy entgegennehmen, sollten Sie sofort klar kommunizieren, wo Sie sich befinden – z. B. an der Kinokasse –, sonst wird es schnell unangenehm. Sagen Sie es auch gleich, wenn Sie nur wenig Zeit haben, denn dann kann der andere sich darauf einstellen. Passt Ihnen der Anruf gar nicht, dann heben Sie besser auch nicht ab.

Denn wenn Sie sich melden, darf der Anrufer erwarten, wenigstens kurz mit Ihnen sprechen zu können.

* Internet-Telefonie: Das Internet ist dem Festnetz bei der Übertragungsqualität immer noch nicht ebenbürtig und außerdem anfällig für Störungen bis hin zum Abbruch der Verbindung. Wichtige Telefonate würde ich deshalb sicherheitshalber nicht auf diese Weise führen. Ich nutze auch »Skype« nur selten, weil ich mich bei Gesprächen über das Internet nicht wohl fühle.
* E-Mail: Sie eignet sich heute sehr gut für die effektive Kommunikation im geschäftlichen Bereich, einschließlich des Austauschs elektronischer Dokumente. Aber Achtung: Wenn Sie selbst vieles per E-Mail regeln, sollten Sie auch für andere auf diesem Weg erreichbar sein. Das bedeutet, dass Sie Ihre E-Mails einmal täglich abrufen und bearbeiten. Sind Sie längere Zeit abwesend, können Sie einen sogenannten Autoresponder einrichten, der die Absender der an Sie gerichteten Mails automatisch über Ihre Abwesenheitszeit informiert. Angenehm ist auch eine E-Mail zur Erinnerung an einen Termin, der seit längerem vereinbart war, eventuell verbunden mit einer Wegbeschreibung zum Ort der Besprechung. Private E-Mails sind weitgehend Geschmacksache. Versuchen Sie hier am besten, die Vorlieben Ihres Gegenübers herauszufinden.
* SMS: Der »Short Message Service« der Mobilfunkanbieter erfreut sich bei Jugendlichen größter Beliebtheit. Im Berufsleben sind SMS-Nachrichten für das Empfinden der großen Mehrheit im roten Bereich. Privat sind sie Geschmackssache. Leider überschreiten manche hier ein gesundes Maß.
* Fax: Im geschäftlichen Bereich ist ein Fax zum Austausch von Dokumenten, wie etwa Verträgen, oder für Reservierungsanfragen geeignet, jedoch kaum für die persönliche Kommunikation.
* Post: Die gute alte »Schneckenpost« dient heute meist

noch dem Versand von Rechnungen und ähnlichen Dokumenten, während die normale Kommunikation immer mehr elektronisch abläuft. Mit handgeschriebenen Briefen und insbesondere Glückwunschkarten können Sie aber immer noch besondere Wertschätzung ausdrücken. Der Versand bedeutet schließlich überdurchschnittlichen Aufwand, und so zeigen Sie, dass Ihnen jemand dies wert ist. Hier sollte dann aber auch alles stimmig sein: Motiv der Karte, Papierqualität, Handschrift und Briefmarke.

Christiane Reine, Dr. Fahrenkamps Sekretärin, hat zwei schöne Unicef-Karten besorgt, weil Frau Dr. Schade und Herr Meisner, die in der Kinderklinik für den Chefarzt arbeiten, in der kommenden Woche Geburtstag haben. Eine sorgfältig ausgewählte Glückwunschkarte aus gutem Karton mit einem netten Motiv drückt bei Geburtstagen und anderen freudigen Anlässen ganz besondere Wertschätzung aus. Die private Glückwunschkarte kann auch einen Anruf beim Jubilar ersetzen. Wenn Sie jemanden allerdings ganz besonders schätzen, sollten Sie ruhig beides machen: eine Karte schicken und am Geburtstag anrufen.

Glückwunschkarte

Wichtig ist, nicht bloß »Herzlichen Glückwunsch« oder ähnliche Floskeln zu verwenden, sondern in fünf, sechs Zeilen etwas Persönliches und wirklich Nettes zu schreiben. Menschen bringen viel zu selten zum Ausdruck, was sie einander bedeuten und warum sie füreinander wichtig sind. Dr. Fahrenkamp könnte seiner Mitarbeiterin also etwa schreiben, dass er sich über ihre Treue und Zuverlässigkeit oder ihre Einsatzbereitschaft besonders freut. Er könnte auch eine Leistung aus der jüngsten Zeit erwähnen, die für ihn besonders erfreulich war. Im privaten Bereich ist es ebenfalls schön, wenn man ausdrückt, warum einem ein Freund so wichtig ist oder welche Stütze ein naher Verwandter für einen bedeutet. Je persönlicher und konkreter die Formulierung, desto besser.

8:43 Uhr. Freundlich bleiben, auch bei schwierigen Telefonaten

»Ach, Herr Doktor Fahrenkamp«, sagt Christiane Reine bedrückt, als ihr Chef die beiden Glückwunschkarten geschrieben hat, »ich bin ja immer noch schockiert über die Abfuhr, die Herr Liebermann den Eltern des kleinen Tobias erteilt hat.«

»Was war denn los?«, fragt Dr. Fahrenkamp mit hochgezogenen Augenbrauen.

»Na, Liebermann hat den Leuten einfach ins Gesicht gesagt, dass die Therapie für Tobias zu teuer ist und nicht in Frage kommt. Und das auch noch auf dem Flur!«, antwortet Frau Reine sichtlich erregt.

»Also über Therapien entscheide hier immer noch ich – weder der Verwaltungschef noch die Krankenkassen«, sagt Dr. Fahrenkamp ungehalten. »Bisher haben wir stets eine Lösung gefunden, auch wenn es teuer wurde. Lassen Sie mich doch bitte einen Augenblick allein. Ich regele das mit Herrn Liebermann am Telefon.«

Dr. Fahrenkamp greift zum Telefonhörer und wählt die Nummer des Verwaltungschefs Georg Liebermann.

»Hallo?«, meldet sich der Jurist mit seiner immer noch sehr jugendlichen Stimme.

»Sind Sie es, Herr Liebermann?«

»Ja.«

»Hier ist Fahrenkamp. Ich würde mit Ihnen gern über die Eltern von Tobias Müller sprechen. Was haben Sie denn mit denen gestern besprochen?«

»Ich habe ihnen halt gesagt, wie es ist. Der Sachverhalt ist eindeutig. Wenn Sie dagegen meinen …«

»Ich bin wirklich anderer Meinung, Herr Liebermann. Wir werden sicher eine Lösung finden, und sei es über Spenden. Versetzen Sie sich doch bitte einmal in die Lage der Eltern. Wie würden Sie sich fühlen, wenn Ihr Sohn schwer krank wäre und Sie so ein kategorisches Nein zu hören bekämen?«

»Was erwarten Sie von mir?«

»Ich möchte Sie bitten, dass Sie sich bei den Eltern von Tobias

Müller entschuldigen. Denken Sie doch noch einmal über die Sache nach …«

Heikle Fragen, Konflikte und Meinungsverschiedenheiten klärt man am besten im persönlichen Gespräch. Ist das aus zeitlichen oder organisatorischen Gründen nicht möglich, dann ist ein Telefongespräch die zweitbeste Wahl. *Schriftliche Kommunikation, etwa per E-Mail, ist dagegen immer ungünstig, wenn es heikel wird. Denn dann sind keine »Zwischentöne« hörbar, Formulierungen werden schnell falsch interpretiert und es ist nicht möglich, auf die Stimmung des anderen unmittelbar einzugehen, ihm zuzuhören und Gelegenheit zur Stellungnahme zu geben.* Im ungünstigsten Fall schaukelt sich der Konflikt nur noch weiter hoch.

Konflikte, Meinungsverschiedenheiten

Dr. Fahrenkamp, der einen vollen Terminkalender hat, verhält sich also gut, wenn er Herrn Liebermann sofort anruft. Leider macht der Verwaltungsleiter dem Chefarzt den Gesprächseinstieg unnötig schwer. Sich mit »Hallo?« oder »Ja?« am Telefon zu melden ist in unseren Breiten unangemessen und wirkt grob und respektlos. Melden Sie sich – beruflich wie privat – immer mit Ihrem Vor- und Nachnamen, dann weiß der andere sofort, dass er mit dem richtigen Gesprächspartner verbunden ist. Im Business sollten Sie vor Ihrem Namen noch den Firmennamen nennen. Sich nur mit dem Nachnamen zu melden ist altmodisch, schlechter verständlich und führt bei Familien oder großen Organisationen auch schon mal zu Verwechslungen – etwa zwischen Vater und Sohn Müller. Oder zwischen Müller vom Vertrieb und Müller aus der Buchhaltung.

Gesprächseinstieg

Hat der andere den Namen nicht verstanden, sollte er sofort nachfragen, also nicht etwa am Schluss des Gesprächs anfügen »Wie war noch mal Ihr Name?«. Das wäre sonst eher peinlich. Im Business können Sie vor Ihrem Namen noch den Firmennamen nennen, müssen es aber nicht. Vermeiden Sie auf jeden Fall »Call-Center-Floskeln« nach dem Muster »Guten Tag, mein Name ist Frieda Freundlich, was kann ich für

Sie tun?«. Das wirkt aufgesagt (ist es ja auch) und macht es schwierig, auf natürliche und entspannte Weise ins Gespräch zu kommen.

Schön wäre gewesen, wenn das Gespräch zwischen Dr. Fahrenkamp und Herrn Liebermann etwa so begonnen hätte:

Liebermann: »Georg Liebermann.«
Dr. Fahrenkamp: »Guten Morgen, Herr Liebermann. Hier spricht Clemens Fahrenkamp.«
Liebermann: »Guten Morgen, Herr Doktor Fahrenkamp.«
Dr. Fahrenkamp: »Ich würde mit Ihnen gern über die Eltern von Tobias Müller sprechen …«

Wie verläuft nun das heikle Gespräch? Dr. Fahrenkamp verhält sich sehr geschickt. Er wirkt höflich, aber bestimmt, bleibt ruhig und lässt sich nicht provozieren. Ganz wichtig ist, dass er Herrn Liebermann nicht mit Vorwürfen konfrontiert. Er sagt klar, worüber er reden möchte, aber er »lässt den anderen kommen«, indem er eine »offene« Frage stellt: »Was haben Sie denn gestern besprochen?« Herr Liebermann erhält so Gelegenheit, erst einmal seine Sicht der Dinge darzustellen. Erst daraufhin sagt Dr. Fahrenkamp, dass und warum er anderer Meinung ist.

Georg Liebermann provoziert seinen Gesprächspartner, weil er sich gleich rechtfertigt und andere Meinungen nicht zulassen will (»der Sachverhalt ist eindeutig«). Unklare Formulierungen und halbfertige Sätze (»Wenn Sie dagegen meinen …«) tragen auch nicht zur Konfliktlösung bei. Dr. Fahrenkamp sagt dagegen klar, was er denkt und was er erwartet. Mutig ist, dass er den anderen direkt zu einer Entschuldigung auffordert. Dabei bleibt er verbindlich im Ton (»Denken Sie doch noch einmal über die Sache nach«). Geschickt ist es auch, dass Dr. Fahrenkamp Herrn Liebermann auffordert, sich in die Lage der Eltern von Tobias Müller zu versetzen. Die Botschaft ist dann nicht »Sie haben einen Fehler gemacht«, sondern »Sie hätten es besser machen können«. Ein kleiner, aber für den Gesprächsverlauf vielleicht entscheidender Unterschied.

Kommunikationsstil

Respekt, Einfühlungsvermögen und ein klarer, freundlicher Kommunikationsstil machen den Umgang mit sämtlichen Kommunikationsmedien angenehm. In diesem Kapitel habe ich Ihnen ein paar Hinweise für Stilsicherheit in diesem Bereich geben können. Trotzdem ist jede Situation anders, je nachdem, was für ein Typ Sie sind und mit welchem Menschen Sie es jeweils zu tun haben. *Je besser Sie Ihre eigenen Vorlieben und diejenigen des Gegenübers kennen, desto besser klappt die Kommunikation über Medien. Deshalb an dieser Stelle mein Tipp: Konzentrieren Sie sich möglichst auf ein Medium. Nämlich das, mit dem Sie sich am wohlsten fühlen.* Es gibt einfach unterschiedliche Kommunikationstypen. Der eine fühlt sich am Telefon wohl, der andere ist unsicher. Der eine schreibt gerne E-Mails, der andere vergisst oft tagelang, sie abzurufen. Der Dritte kann an keinem Schreibwarengeschäft vorbeigehen, ohne sich für Monate mit edlem Briefpapier und schönen Karten einzudecken. Wenn Sie noch nicht genau wissen, was für ein Kommunikationstyp Sie sind, dann stellen Sie sich einmal folgende Fragen:

* Mit welchem Medium fühle ich mich wohl und kann ich ganz entspannt, »wie im Schlaf«, umgehen?
* Bei welchem Medium kann ich mich am besten auf die Inhalte konzentrieren?
* Mit welchem Medium arbeite ich am effektivsten und komme ohne Umwege zu den gewünschten Ergebnissen?

Wenn Sie sich auf ein Medium konzentrieren, werden Ihre Kommunikationspartner das schnell merken und sich darauf einrichten. Machen Sie aber auch umgekehrt die Augen auf. Wenn jemand ein »mündlicher Mensch« ist, der auf E-Mails fast nie reagiert, dann geben Sie sich einen Ruck und rufen ihn an, selbst wenn es für Sie praktischer wäre, eine Mail zu schreiben. Schließlich sollten Sie bei Ihrem Lieblingsmedium auch technisch am besten gerüstet sein. Sind Sie Vieltelefonierer, dann besitzen Sie ein hochwertiges Festnetztelefon. Am besten mit Schnur, weil so die menschliche Stimme immer noch besser und natürlicher übertragen wird als über Mobilteile. Als »Handytyp« haben Sie ein sehr gutes Mobiltelefon mit Freisprecheinrichtung, Terminverwaltung und langer Akkulaufzeit. Oder Sie sind der »E-Mail-Typ«? Dann gehen Sie mehrmals täglich ins Netz und haben auch für unterwegs die richtige Lösung, beispielsweise über Wireless LAN oder UMTS. Letztlich haben Sie es selbst in der Hand, ob die ständige Erreichbarkeit über Kommunikationsmedien für Sie Fluch oder Segen bedeutet.

9:00 Uhr

»Welche Spielregeln gelten hier?«

Den ersten Augenblick souverän gestalten

Protokoll, Etikette und Umgangsformen | Falsche Erwartungen | Empfang | Mit Kindern auftreten | Herzliche Begrüßung | Understatement | Immer locker bleiben

Felicitas Fahrenkamp und ihre junge Praktikantin Annette von Arnspitz sind auf der Autobahn nach Frankfurt unterwegs. Der Verkehr ist dicht, es geht nur schleppend voran. Auf der Rückbank des Berlingo rutschen Felix und Florian unruhig in ihren Kindersitzen hin und her.

»Ich habe ja gesagt, wir hätten eine Viertelstunde früher fahren sollen«, bemerkt Annette von Arnspitz genervt.

»Mama«, ruft gleich darauf Felix von hinten, »tragen die da so bunte Kleider wie im Fernsehen?«

»Keine Ahnung, Engelchen«, entgegnet Felicitas Fahrenkamp. »Ich war noch nie in einem afrikanischen Konsulat.«

»Also, mein Onkel ist ja deutscher Botschafter in Island«, sagt Annette von Arnspitz gedehnt. Als Felicitas Fahrenkamp nicht reagiert, fügt sie hinzu: »Da kenne ich mich auf dem diplomatischen Parkett natürlich gut aus.«

»So?«, entgegnet die Fahrerin im rostroten Hosenanzug, während sie auf die linke Fahrspur wechselt. »Dann erklär uns doch mal, ob da jetzt die deutschen oder die afrikanischen Regeln gelten. Wenn du dich so gut auskennst.«

»Natürlich gilt die afrikanische Etikette«, behauptet die Beifahrerin, »denn das Konsulat ist ja sambisches Hoheitsgebiet.«

»Ach, Quatsch!«, widerspricht Felicitas Fahrenkamp. »Die können doch nicht erwarten, dass wir deren Gepflogenheiten kennen.«

»Wir hätten uns beim Auswärtigen Amt in Berlin über die protokollarischen Regeln informieren sollen«, meint Annette von Arnspitz. »Dein rotes Outfit ist jedenfalls ganz schön gewagt.«

»Hör bloß auf, das hat mein Mann auch schon gesagt«, entgegnet Felicitas Fahrenkamp lachend.

»Ich bin echt mal gespannt, welchen Eindruck wir so auf den Konsul machen«, sagt Annette von Arnspitz kopfschüttelnd. »Und dann haben wir auch noch deine Kinder dabei! Das kann ja was geben …«

Regeln, Etikette, Protokoll – Felicitas Fahrenkamp und Annette von Arnspitz sind sich nicht ganz sicher, was da beim Konsul von Sambia alles auf sie zukommen wird. Einen guten Eindruck wollen sie beide machen. Aber während Felicitas Fahrenkamp der Sache eher entspannt entgegensieht und auch überhaupt keine Hemmungen hat, ihre Kinder mitzunehmen, macht sich ihre junge Praktikantin merklich Sorgen, etwas falsch zu machen. Dadurch wirkt sie ziemlich unruhig und gestresst.

Um es gleich vorwegzunehmen: Mit dem Protokoll werden es die beiden Frauen in einem Konsulat nicht zu tun bekommen. Hier irrt sich Annette von Arnspitz, selbst wenn bei ihr die Diplomatie in der Familie liegt. Das sogenannte Protokoll regelt die Gepflogenheiten bei offiziellen Anlässen auf Regierungsebene. Ein Beispiel dafür wäre ein Bankett für einen ausländischen Staatsgast im Amtssitz des deutschen Bundespräsidenten.

Das Protokoll

Das Protokoll wurde übrigens auf zwei Schlüsselkonferenzen der europäischen Geschichte erstmals formuliert, nämlich dem Wiener Kongress von 1815 und dem Aachener Kongress im Jahr 1818.
Nach der Niederlage Napoleons, der mit seinen Truppen fast ganz Europa unterworfen hatte, machten sich die europäischen Mächte an die staatliche Neuordnung des Kontinents. Als so viele gekrönte Häupter und ihre Unterhändler zusammentrafen, war tatsächlich die Frage, wessen Etiketteregeln im Umgang miteinander denn nun gelten sollten. So einigte man sich schließlich auf ein länderunabhängiges Regelwerk, formuliert in der Adelssprache Französisch, das fortan im zwischenstaatlichen Umgang Pflicht war.

Zur Zeit des Wiener Kongresses galt in jedem Land eine andere Etikette, die sich an den jeweiligen Höfen entwickelt hatte. Unter Etikette versteht man feste Benimmregeln für alle möglichen sozialen Situationen. Ein Beispiel für Etikette ist die sogenannte »Damenregel«, wonach man der Dame stets demonstrativ den Vorzug gibt und beispielsweise bei einem Ehepaar immer als Erstes die Gattin begrüßt. Übrigens haben wir erst kürzlich im Deutschen Kniggerat über die »Damenregel« diskutiert, und ich bin mit vielen Fachkollegen der Meinung, dass sie heute überholt ist. Im Business sowieso, aber auch privat.

ETIKETTE

Vor 200 Jahren aber war das aufstrebende Bürgertum darauf erpicht, die Etikette des Adels möglichst genau zu kopieren, um damit seinen Machtanspruch in der beginnenden Industriegesellschaft zu demonstrieren. Dieses Streben nach höfischer Vornehmheit hat bis heute Nachwirkungen auf unser Verhalten. Dabei wissen wenige, dass sich schon Freiher Knigge im späten 18. Jahrhundert über die höfische Etikette lustig gemacht hat. Er riet dem Bürgertum, den Adel besser nicht zu kopieren und statt Regelwerke zu übernehmen, eine natürliche Menschlichkeit zu leben. Der erste Eindruck jedenfalls hatte noch nie etwas mit Etikette zu tun. Wer sich an Etiketteregeln klammert, der hat Angst, Fehler zu machen, bloßgestellt zu werden und sein Gesicht zu verlieren. Er misstraut der Stimme seines Herzens, weil er alles richtig machen möchte. Das heißt aber auch, dass er mehr an sich als an andere denkt. Er möchte vor anderen damit glänzen, dass er weiß, was »man« macht und was sich »gehört«.

UMGANGSFORMEN

Im Gegensatz zur Etikette haben Umgangsformen etwas mit einer Herzenshaltung zu tun. Und das bedeutet, genauso an den anderen zu denken wie an sich selbst. Ein Mensch, der Umgangsformen besitzt, fragt sich: Wie kann ich die Begegnung mit dem anderen so gestalten, dass sich mein Gegenüber wohl fühlt und ich selbst entspannt und natürlich bleiben kann? In diesem Buch geht es um Umgangsformen. Natürlich könnten Sie aus dem, was Sie hier über bestimmte Situationen lesen, auch Regeln ableiten. Aber das ist nicht der springende Punkt. *Entscheidend ist, ob Sie sich nach außen hin ein bestimmtes Image zulegen wollen oder ob Sie das, was Ihnen wichtig ist – Ihre Werte– authentisch leben möchten.* Im ersten Fall wird Etikette für Sie eine große Rolle spielen. Sie werden aber auch die Angst vor dem Fettnäpfchen nie ganz loswerden. Im zweiten Fall werden Sie sich gelassen auch auf ungewohnte Situationen einstellen, andere Menschen immer sehr genau beobachten und versuchen, sich in sie hineinzuversetzen. Im Zweifel hören Sie einfach auf die Stimme Ihres Herzens.

Felicitas Fahrenkamp hat sich durchaus Gedanken über ihren Auftritt im Konsulat gemacht. Sie möchte die moralische und praktische Unterstützung des Konsuls für ein Hilfsprojekt gewinnen. Aber sie macht sich angesichts dieses »wichtigen« Termins auch nicht verrückt und verfällt schon gar nicht in Selbstzweifel. Sie lebt ihren eigenen Stil, zu dem ihre Kleidung genauso gehört wie das Bemühen, ihre Kinder in ihr Leben mit einzubeziehen. Und sie weiß, dass Tipps für einen guten Eindruck nicht beim Auswärtigen Amt zu bekommen sind. Ein bisschen aufgeregt ist sie schon, aber positive Aufregung vor einem Termin ist einfach menschlich.

Annette von Arnspitz dagegen ist genervt. Aus Unsicherheit versucht sie ständig, ihre Chefin zu belehren, und merkt gar nicht, wie sehr sie damit die Stimmung drückt. Am liebsten würde sie den Ablauf des Besuchs im Konsulat vorher in allen Einzelheiten planen, statt sich einfach auf die Situation einzulassen. Beide Frauen hätten allerdings gut daran getan, etwas früher aufzubrechen. Noch besser hätten sie die S-Bahn von Wiesbaden nach Frankfurt genommen, statt sich durch den Autoverkehr zu quälen. Dann würden sie bestimmt entspannter ankommen. Zum guten ersten Eindruck gehört eben auch, gelassen und entspannt auftreten zu können. Wer abgehetzt und gestresst irgendwo auftaucht, macht es dem anderen schwer, positiv auf seine – des Besuchers – eigene Persönlichkeit zu reagieren.

9:34 Uhr. Am Empfang

Felicitas Fahrenkamp hat ihr Auto in einem Parkhaus in der Mainzer Landstraße abgestellt. Gemeinsam mit Annette von Arnspitz und ihren beiden Kindern schlendert sie entspannt zu einem Bürogebäude aus den 1920er Jahren. Durch einen in jüngerer Zeit errichteten verglasten Vorbau geht es in eine großzügige, mit Granit verkleidete Eingangshalle. Hinter einem Tresen an der Wand sitzen links der Pförtner in der blauen Uniform einer Wachschutzfirma und rechts eine schwarzhaarige Empfangsdame in einer bunten Bluse. Mit flinken Fingern tippt sie deutlich hörbar auf ihrer Computertastatur. Sie blickt auch dann nicht vom Bildschirm auf, als Felicitas Fahrenkamp unmittelbar vor ihr steht.

Etwas irritiert wendet sich Felicitas Fahrenkamp dem Pförtner auf der linken Seite zu: »Fahrenkamp. Wir haben hier einen Termin.«

»Da müssen Sie sich dort drüben melden«, entgegnet der Pförtner in breitem Frankfurterisch und deutet auf die Empfangsdame.

Felicitas Fahrenkamp wendet sich wieder nach rechts: »Entschuldigung! Ich bin Felicitas Fahrenkamp. Ich habe um 9 Uhr 30 einen Termin beim Konsul von Sambia.«

Die Empfangsdame blickt die Besucherin kurz an, schaut dann wieder auf den Bildschirm, klickt dreimal in kurzen Abständen mit der Computermaus und sagt schließlich: »Das Konsulat befindet sich in der vierten Etage. Kommen Sie mal mit, ich begleite Sie zu Konsul Magave.«

»Vielen Dank, das ist nett«, erwidert Felicitas Fahrenkamp und schaut sich zu ihren drei Begleitern um, die während der ganzen Zeit ehrfürchtig schweigend in der Mitte der Eingangshalle gestanden haben.

Den allerersten Eindruck vermittelt ganz häufig gar nicht der Mensch, mit dem Sie verabredet sind, sondern die Umgebung, in der Sie ihm begegnen. Das Gebäude, das Sie betreten,

Erster Eindruck

die Inneneinrichtung, der Empfang, ja bereits die Anfahrtsskizze, der Parkplatz und die Ausschilderung zum Haupteingang lösen Gefühle und Erwartungen bei Ihnen aus, die Sie nicht mehr vollkommen neutral auf einen Unbekannten zugehen lassen. Das gilt nicht nur im Berufsleben, sondern genauso im privaten Bereich, wo Sie beim ersten Besuch sicherlich darauf achten, in was für einer Gegend Sie sich befinden und welchen Eindruck Haus und Grundstück auf Sie machen.

Wenn Sie bei einem Termin der Gastgeber sind, dann versuchen Sie doch einmal, die Ankunft mit den Augen des Gastes zu sehen. Welchen Eindruck vermittelt die Umgebung, wie findet er seinen Weg und wie wird er in Empfang genommen? Kleinigkeiten, wie ein sauberer Empfangsbereich und eine aufmerksame Empfangsdame, haben hier schon eine große Wirkung. Sind Sie umgekehrt Gast, dann machen Sie sich bewusst, dass Sie sich vor der eigentlichen Begegnung ein »Vor-Urteil« bilden. Das kann zwar zutreffend sein, aber letztlich zählt der Mensch, den Sie treffen. Und er sollte immer die Chance haben, einen nicht so guten Endruck, den seine Umgebung hinterlassen hat, noch ins Positive zu wenden. Eine Empfangsdame, die vom Besucher eigens aufgefordert werden muss, ihn zu empfangen, macht natürlich überhaupt keinen guten Eindruck. Ich schätze aber, dass Sie als Kunde oder Hotelgast eine ganz ähnliche Situation schon einmal erlebt haben, denn so etwas ist leider weit verbreitet. Wer jemanden ignoriert, verweigert ihm die nötige Achtung und löst sofort unangenehme Gefühle aus. Der Pförtner macht es sich hier ebenfalls zu leicht. Sätze wie »Dafür bin ich nicht zuständig, das macht die Kollegin« sind immer eine schroffe Abfuhr, wenn jemand um Hilfe gebeten wurde. Der Pförtner hätte sich auch selbst ein wenig bemühen können.

Mit ihrem resoluten »Entschuldigung« eröffnet dann aber auch Felicitas Fahrenkamp das Gespräch mit der Empfangsdame etwas verlegen. Angenehmer wäre es gewesen, sie hätte einfach freundlich »Guten Morgen« gesagt. Schön ist aber, dass sie sich nun mit den Worten »Ich bin Felicitas Fahrenkamp« vorstellt. Beim Pförtner hatte sie nur ihren Nachnamen genannt. Aussagen nach dem Muster »Meier. Ich soll hier was abholen« wirken doch reichlich uncharmant und außerdem altmodisch. Stellen Sie sich immer mit Ihrem vollständigen Namen vor, auch an Rezeptionen, Abholtresen oder Theaterkassen.

Allerdings hätte Felicitas Fahrenkamp erwarten können, dass nun auch die Empfangsdame sich vorstellt. Sie meinen, das macht doch keiner? Ich bin mir bewusst, dass viele Mitarbeiter von Unternehmen sich nicht vorstellen, wenn ein Kunde seinen Namen nennt. Aber wenn sich jemand mir vorstellt, dann sollte ich das grundsätzlich ebenfalls tun. Das hat einfach etwas mit einer Begegnung auf Augenhöhe zu tun und spiegelt den Respekt wider, den der andere mir entgegenbringt.

Die Empfangsdame macht am Schluss wieder Boden gut, indem sie die Gäste zum Konsul begleitet. Einmal unterstellt, dass dies nicht nur aus Sicherheitsgründen geschieht, ist es eine sehr gastfreundliche Geste. Wenn jemand nur etwas zu hören bekommt wie »Bitte links um die Ecke, dann noch einmal rechts eine halbe Treppe höher, dann in den Aufzug« und so weiter, dann ist das in einer fremden Umgebung unmittelbar vor einem Termin sicher nicht sehr entspannend. Felicitas Fahrenkamp ist übrigens in aller Ruhe vom Auto zu dem Bürogebäude geschlendert, obwohl sie schon einige Minuten zu spät dran war. So hat sie den Stress der Autofahrt wieder abgeschüttelt. Besser ein paar Minuten später ankommen als genervt und abgehetzt.

9:39 Uhr. Auf Augenhöhe

Kaum haben Felicitas Fahrenkamp, Felix und Florian und Annette von Arnspitz durch eine Glastür den Vorraum des Konsulats betreten, kommt ihnen Konsul Christopher Magave

über den Flur entgegen. Der athletische Mittfünfziger trägt einen dunkelblauen Nadelstreifenanzug, ein weißes Hemd und eine dezent gemusterte rote Krawatte.
»Herzlich willkommen, Frau Fahrenkamp«, sagt Konsul Magave mit nur leichtem englischem Akzent und strahlt seine Besucherin dabei an. Sofort fällt sein Blick auf die beiden Kinder. »Sind das Ihre Kinder?«, fragt er Felicitas Fahrenkamp.
»Ja, das sind Felix und Florian«, entgegnet sie.
Der Konsul geht in die Hocke, bis er auf Augenhöhe mit den Kindern ist: »Wart ihr schon mal in einem Konsulat?«
»Nö«, antwortet Felix, während Florian verlegen zu Boden schaut.
»Habt ihr Lust, einen Film über Afrika zu sehen? Ja? Dann kommt gleich mal mit in den Vorführraum, und ich lege euch eine DVD ein.« Als der Konsul sich wieder aufrichtet, wendet er sich Annette von Arnspitz zu.
»Ich bin Christopher Magave«, sagt er freundlich lächelnd.
»Angenehm, von Arnspitz«, entgegnet die Praktikantin und errötet.

Als etikettebewusste Tochter einer Diplomatenfamilie hatte sich Annette von Arnspitz die Begegnung mit Konsul Magave bestimmt ganz anders vorstellt. Sie hätte wohl erwartet, dass sich alle streng nach Hierarchie geordnet die Hände geben, wobei der Konsul als der Ranghöchste seine Gunst kaskadenartig nach unten reichen würde. Leicht pikiert beobachtet sie, wie Konsul Magave sich stattdessen als Erstes den Kindern zuwendet. Mit Felix und Florian hat Felicitas Fahrenkamp das Herz des kinderfreundlichen Afrikaners sogleich erobert.

Konsul Magave geht einfach souverän mit der Situation um. Er hat sich informiert, wer da als sein Gesprächspartner kommt, begrüßt Felicitas Fahrenkamp gleich mit ihrem Namen und heißt sie herzlich willkommen. Als Vertreter eines angelsächsisch geprägten Landes, das dem britischen Com-

Understatement

monwealth angehört, zeigt er echtes Understatement. Das heißt, er spielt seinen Rang nicht aus und verzichtet bewusst auf kleine Privilegien, die die Etikette ihm zugestehen würde. Understatement gehört heute auch außerhalb des Commonwealth bei erfolgreichen Menschen einfach zum guten Ton. Dabei ist Understatement nicht mit falscher Bescheidenheit zu verwechseln. Man weiß sehr wohl, wer man ist und was man wert ist, aber man hat es einfach nicht nötig, damit herumzuprotzen. Understatement wird Ihnen in diesem Buch noch an einigen anderen Stellen begegnen.

Besonders schön ist es, dass man im Konsulat von Sambia auch auf kleine Besucher eingerichtet ist. Konsul Magave kann Felix und Florian sofort ein Kinderprogramm bieten, nämlich einen spannenden Film über Afrika. Wenn er darüber »vergisst«, sich Felicitas Fahrenkamp offiziell vorzustellen – was soll's? Die Galeristin bleibt jedenfalls entspannt und käme nicht auf die Idee, den Konsul zu fragen, ob er sich denn nicht vorstellen will. Schon am Empfang war sie ja geduldig und tolerant gegenüber kleinen Patzern. Weder der Pförtner noch die Empfangsdame haben von ihr gehört »Sie da, ich habe einen wichtigen Termin beim Konsul!«. Die Aufwertung ihrer Person als Gast des Konsuls nutzt sie nicht aus, um anderen gegenüber herablassend zu werden. Es war mutig von Felicitas Fahrenkamp, zu solch einem Termin ihre Kinder mitzunehmen. Das zeigt, dass sie Vertrauen in Felix und Florian setzt. Sie hat keine Angst, von ihnen blamiert zu werden. Und dieses auch für Außenstehende spürbare Vertrauen macht auf andere gleich einen positiven Eindruck. Sie möchte ihren Kindern eben einen Lebensraum eröffnen und nimmt sie mit, damit sie Erfahrungen sammeln.

Keine Angst vor Begegnungen: fünf Tipps für den ersten Eindruck

Der amerikanische Psychologe Albert Mehrabian hat als Erster den »ersten Eindruck« wissenschaftlich untersucht.

Er kam zu dem Ergebnis, dass nur zu 7 Prozent fachlicher Inhalt zählt, und zu 38 Prozent Tonfall und zu 55 Prozent nonverbale Signale wie Körpersprache, Aussehen und Kleidung. Seien Sie also authentisch – der Rest ergibt sich. Hier sind noch einmal einige Tipps im Überblick:

* Achten Sie bei einem ersten Treffen besonders auf typgerechte Kleidung, in der Sie sich wohl fühlen.
* Planen Sie genügend Zeit ein, um nicht gestresst in den Termin zu gehen.
* Machen Sie sich als Gastgeber Gedanken darüber, wie Ihr Gast empfangen wird und welchen ersten Eindruck er von der Örtlichkeit bekommt.
* Begrüßen Sie Ihr Gegenüber freundlich, und stellen Sie sich mit Vor- und Nachnamen vor.
* Bleiben Sie immer locker und entspannt, beobachten Sie genau, und reagieren Sie flexibel auf überraschende Ereignisse.

Annette von Arnspitz dagegen agiert beim Zusammentreffen mit dem Konsul verkrampft. Weil sie starr darauf fixiert ist, keinen Fehler zu machen, fehlt ihr die Flexibilität im Umgang mit der Situation. Sie ist irritiert, weil nichts so abläuft, wie sie sich das gedacht hat. Das sambische Begrüßungsritual in Landestracht auf dem vermeintlichen Hoheitsgebiet in der Büroetage fällt ebenso flach wie das diplomatische Protokoll. Prompt errötet Annette von Arnspitz, als Konsul Magave sich ihr mit freundlichen Worten auf Deutsch vorstellt, ohne ihr die Hand zu reichen. Und ihr »Angenehm, von Arnspitz« ist komödienreif.

Dennoch würde ich Annette von Arnspitz jetzt Mut machen. Alles halb so schlimm! Die Amerikaner haben einen ziemlich gemeinen Spruch: »You never get a second chance for a first impression.« Nun ist es natürlich logisch, dass sich der *erste* Eindruck kein *zweites* Mal vermitteln lässt. Aber der Botschaft dieses Ausspruchs würde ich trotzdem entschieden widersprechen. *Es gibt immer eine zweite Chance! Ja, ich sage: immer. Sie haben doch bestimmt schon einmal Ihre Meinung über einen Menschen geändert, von dem Sie zunächst einen ganz anderen Eindruck hatten.* Irgendwann denken Sie sich vielleicht: »Der ist ja gar nicht so.« Also: Keine Angst vor dem ersten Augenblick. Bleiben Sie locker. Was kann Ihnen schon passieren?

10:00 Uhr

»Darf ich euch Pater Antonius vorstellen?«

Begrüßen und bekannt machen mit Stil

Gastgeberrolle | Freundliche Begrüßung | Sich vorstellen | Andere bekannt machen | Titel & Co. | Auf eine Gruppe treffen | Begrüßungsansprache

Der große Vortragssaal liegt im ersten Stock des Klinikgebäudes. Durch die fast raumhohe Fensterfront schweift der Blick in einen sonnendurchfluteten Park. In der Helligkeit gerade noch zu lesen ist ein Text, den der Tageslichtprojektor in dunkelblauer Schrift an die weiße Stirnwand wirft:
Die Kinderklinik Mainz begrüßt die Exkursionsteilnehmer des Kongresses »Neue Pädagogik in der Medizin«. Agenda: 10 Uhr Empfang – 10.30 Uhr Hausführung – 12.30 Uhr Mittagessen – 13.30 Uhr Diskussion
Vorn am Fenster rückt Frau Reine noch einmal alle Sektgläser auf einem Tisch zurecht, als Schritte und sonores Gemurmel vom Flur her das Eintreffen der Gäste ankündigen.
»Herzlich willkommen, ich bin Clemens Fahrenkamp«, sagt der Chefarzt und Gastgeber zu einer brünetten Dame im blauen Kostüm, die als erster Gast den Raum betritt.
»Ja, ich weiß«, entgegnet die Dame und lächelt Dr. Fahrenkamp freundlich an.
»Darf ich Ihnen etwas zu trinken anbieten?«
»Oh ja, gern.«
Dr. Fahrenkamp wendet sich von der Tür weg und geleitet die Dame ein paar Schritte zu dem Tisch, auf dem Sekt, Saft und Gläser stehen.
»Pur oder mit Orange?«, fragt Frau Reine und nimmt ein Glas in die Hand.
»Orange pur, bitte«, antwortet die Dame bestimmt.

Offizielle Begrüssungssituation

Chefarzt Dr. Fahrenkamp hat jetzt die Rolle des Gastgebers in einer offiziellen Begrüßungssituation. Eine Gruppe von Kongressteilnehmern kommt zu einer Führung in das Krankenhaus. Einige der Gäste kennt Dr. Fahrenkamp von früheren beruflichen Anlässen her, andere sind ihm fremd. Innerhalb der Gruppe werden die Verhältnisse ähnlich sein. Deshalb kommt es darauf an, eine angenehme Atmosphäre zu schaffen und sich erst einmal miteinander bekannt zu machen. Schon die Auswahl des Raumes ist hier ein erster Schritt.

Der Vortragssaal für Patienten beziehungsweise deren Eltern bietet Ruhe und eine gewisse Abgeschiedenheit vom Betrieb des Krankenhauses. Der Alltag kann draußen bleiben, und es besteht die Möglichkeit, den Rahmen geschmackvoll zu gestalten. Ein zugiges Foyer, durch das ständig Menschen hetzen, oder eine Kantine, in der dauernd Geklapper von Geschirr und Besteck zu hören ist, wäre dagegen keine gute Wahl gewesen.

Gastgeberrolle

Die Gastgeberrolle bedeutet für Dr. Fahrenkamp jetzt vor allem, aktiv zu werden. Und genau das tut er auch. Weder versteckt er sich hinter der Institution Klinik, noch schickt er deren Verwaltungsleiter vor. Vielmehr macht er die Begrüßung bewusst zur Chefsache. Er übernimmt persönlich Verantwortung für die Gestaltung der Situation. *Dr. Fahrenkamp sieht es als seine Aufgabe an, dass die Gäste sich willkommen fühlen und untereinander ins Gespräch kommen. Diese Haltung kann er aber nur deshalb glaubwürdig zeigen, weil er tatsächlich neugierig auf andere Menschen ist und sich auf die Begegnung mit ihnen freut.*

Positive Grundeinstellung

Wer diese innere Einstellung mitbringt, dem wird das Begrüßen und Bekanntmachen leicht fallen. Wer hingegen meint, hier nur eine lästige Pflicht erfüllen zu müssen, der wird in Begrüßungssituationen oft auch ungeschickt agieren. Vielleicht machen Sie sich vor einem solchen Anlass einmal einen Augenblick lang bewusst, auf welche positiven Begegnungen Sie sich freuen dürfen. Mit einer positiven Grundeinstellung geht der Chefarzt denn auch gleich auf den ersten Gast zu und sagt: »Herzlich willkommen, ich bin Clemens Fahrenkamp.« Das ist selbstbewusst und baut Atmosphäre auf. Schön ist auch, dass Dr. Fahrenkamp der Dame im blauen Kostüm sofort etwas zu trinken anbietet und sie ein paar Schritte zu den Getränken begleitet. Dass er dabei den nach ihr eintretenden Gästen für einen Augenblick den Rücken zuwendet, ist vollkommen in Ordnung. Der Arzt weiß, dass hier kein Staatsempfang stattfindet und es deshalb albern wäre, wie der Bundespräsident an der Tür das Defilee der Gäste abzunehmen.

Dr. Fahrenkamp bewegt sich vielmehr souverän im Raum, geht mal zum Sekt und dann wieder zur Tür, immer zwischen den Gästen hindurch. Er nimmt es bewusst in Kauf, dass mal jemand hereinkommt und vom Gastgeber nicht sofort wahrgenommen wird. Ist denn das so schlimm? Dr. Fahrenkamp behält einfach den Überblick und geht bei nächster Gelegenheit auf denjenigen zu, den er an der Tür »verpasst« hat. Unsouverän wäre es doch, wenn er wie angewurzelt an der Tür stehen bliebe und die Gäste von dort zum Tisch mit den Getränken schicken würde. Motto: »Gehen Sie sich mal was zu trinken holen!«

Indem er selbst mit anpackt und Frau Reine bei den Getränken hin und wieder etwas assistiert, präsentiert sich der Chefarzt auf Augenhöhe mit allen Menschen im Raum. Und nicht als jemand, der gnädig Audienz gewährt. Außerdem muss ohne überflüssiges Defilee auch niemand vor der Tür »anstehen«, bevor er den Raum betreten kann, was ziemlich unangenehm wäre.

Vorstellung

Der Gastgeber stellt sich den Gästen als »Clemens Fahrenkamp« vor. Egal, ob am Telefon, an der Rezeption oder eben hier beim Vorstellen: Vorname und Nachname gehören einfach zusammen. Aus Understatement lässt Dr. Fahrenkamp seinen Doktortitel diesmal weg. So demonstriert er, dass er keinen großen Wert auf die besondere Ehre legt, die eine Anrede mit Titel bedeutet. Auch sieht er keinen Informationswert darin, da die Gäste bestimmt seinen Namen auf der Einladung gelesen haben. Übrigens würden sich Ärztekollegen (aber auch alle anderen Akademiker), wenn beide promoviert sind, untereinander sowieso ohne Doktortitel anreden.

Doch gerade weil Dr. Fahrenkamp allen Gästen ein Begriff ist, scheitert er prompt bei dem Versuch, die Dame im blauen Kostüm kennenzulernen. Als der Chefarzt sagt, er heiße Clemens Fahrenkamp, antwortet sein Gegenüber: »Ich weiß.« Das ist für mich längst der Klassiker unter den Patzern beim Begrüßen und Bekanntmachen.

Ich weiß nicht, wie oft ich das schon gehört habe. Da will ich zum Beispiel einen Seminarteilnehmer begrüßen, sage »Ich bin Rainer Wälde«, und dieser entgegnet in aller Freundlichkeit: »Ich weiß.« Und verschweigt mir seinen Namen. Natürlich weiß er schon, wie der Seminarleiter heißt! Aber darum geht es ja gar nicht.

Weil es grob und herrisch wirken würde, jemanden zu fragen »Wie heißen Sie?«, nennt man eben seinen eigenen Namen in der Erwartung, dass der andere sich ebenfalls vorstellt. Das ist nicht bloß eine Konvention, sondern auch einfach eine elegante und praktische Lösung. Sobald jemand sagt »Ich bin …«, sagt man den eigenen Vor- und Nachnamen. Ist doch wirklich ganz einfach, oder? Reagiert man aber nicht so, dann ist das wie eine kleine Ohrfeige für denjenigen, der sich vorgestellt hat. Manchen passiert das »Ich weiß« natürlich aus Unsicherheit. Je prominenter derjenige ist, der sich jemandem vorstellt, desto größer ist diese Gefahr. Einige kommen sich mit solchen Reaktionen aber auch witzig vor. Sie denken sich: Das ist jetzt dieses »Vorstellungsspiel«, dass hier alle spielen, und das spiele ich aus Prinzip nicht mit. Aber was ist mit dieser Trotzhaltung gewonnen, außer dass jemand schlechte Laune verbreitet und am Ende keiner weiß, wie er ihn ansprechen soll? Wer sich in der Rolle eines solchen Regelbrechers gefällt, darf sich jedenfalls nicht wundern, wenn er damit die Kommunikation tötet.

Souverän und umsichtig ist, dass Dr. Fahrenkamp auf den Patzer der Dame im blauen Kostüm gar nicht eingeht. Wenn er sie jetzt über »gutes Benehmen« belehren wollte, würde er selbst nicht die besten Umgangsformen an den Tag legen. Besserwisserische Bemerkungen wie »Sie wissen wohl nicht, was sich gehört« sind immer im roten Bereich. Auch wenn Dr. Fahrenkamp nachhaken würde »Wie heißen Sie denn?« oder »Wollen Sie sich nicht vorstellen?«, würde er die Peinlichkeit nur noch verschlimmern. Schließlich macht er auch zu anderen Gästen keine abfälligen Bemerkungen über die namenlose Dame im blauen Kostüm, die diese am Ende ja doch mitbekommen könnte. Der Arzt bleibt einfach locker und gastfreundlich. Die einzige Möglichkeit, jemanden zu »belehren«, ist, es selbst gut zu machen. Vielleicht lernt es der andere ja irgendwann.

10:07 Uhr. Fremde miteinander bekannt machen

Als sich Dr. Fahrenkamp wieder der Tür zuwendet, erkennt er dort zwei bekannte Gesichter, die ihm sogleich zuzwinkern. Davor ist noch jemand neu in den Raum gekommen. Es ist ein etwas untersetzter Herr um die 60, der eine lange, weiße Kutte trägt.

»Guten Morgen, ich bin Clemens Fahrenkamp«, begrüßt ihn der Gastgeber.

»Ich bin Pater Antonius von der Krankenhausseelsorge in Würzburg«, antwortet der Ordensmann.

»Guten Morgen, Iris, guten Morgen, Carsten«, sagt Dr. Fahrenkamp zu seinen Bekannten, als diese sich hinzugesellen. »Darf ich euch Pater Antonius vorstellen?«

Die beiden Mittvierziger sehen den Geistlichen freundlich interessiert an.

»Pater Antonius«, spricht Dr. Fahrenkamp diesen an, »das ist ein mit mir befreundetes Ärzteehepaar aus Köln: Dr. Carsten Meyer und Dr. Iris Meyer-Lück.«

Dr. Carsten Meyer reicht Pater Antonius die Hand.

»Aber doch bitte erst die Dame!«, protestiert dieser mit gespielter Empörung. Dann reicht er erst Dr. Iris Meyer-Lück und anschließend ihrem Ehemann die Hand. Dabei lächelt er zufrieden.

Zur Gastgeberrolle, die Dr. Fahrenkamp einnimmt, gehört auch, dass er sämtlichen Gästen mit demselben Respekt begegnet und niemanden bevorzugt behandelt. Daher stürmt er auch nicht gleich zur Tür, als er dort ein ihm seit längerem bekanntes Ärzteehepaar erblickt, sondern begrüßt als Erstes den Gast, der unmittelbar vor ihm steht. Es würde die Atmosphäre deutlich stören, wenn Dr. Fahrenkamp bei diesem Anlass Freunde und Bekannte sichtbar herzlicher begrüßen würde als Fremde. Natürlich ist diese Versuchung groß und menschlich sicher auch verständlich. Die übrigen Gäste würden sich aber schnell als Gäste zweiter Klasse fühlen, und die Offenheit der Kommunikation könnte darunter leiden.

Pater Antonius ist an seiner Kutte auf den ersten Blick als Ordensmann erkennbar. Doch heute tragen längst nicht alle Ordensleute mehr Ordenskleidung. Viele gehen auch einfach in »Zivil«. Auf Gästelisten, Einladungen oder Veranstaltungsprogrammen erkennt man Angehörige eines Ordens an der vorangestellten Abkürzung »P.« und dem Kürzel des jeweiligen Ordens hinter dem Namen. Jeder römisch-katholische Orden hat eine bestimmte (lateinische) Abkürzung, beispielsweise »OP« für die Dominikaner oder »SJ« für die Jesuiten. Erscheint ein »P. Dr. Josef Brugger SJ« auf der Gästeliste, handelt es sich also um den Jesuitenpater Dr. Josef Brugger.

Ordensmann, Ordensfrau

Wie spricht man einen Ordensmann oder eine Ordensfrau nun an, und wie stellt man ihn oder sie vor? Dafür gibt es keine einheitliche Formel, weil die einzelnen Orden unterschiedliche Gepflogenheiten haben. Manche Ordensgeistliche tragen eigene Ordensnamen wie »Pater Antonius« oder »Schwester Theresa«, die sie beim Eintritt in den Orden angenommen haben. Andere nehmen aber auch ihren bürgerlichen Nachnamen.

Weiß man es nicht genau und besteht keine Gelegenheit, sich vorher – etwa im Kloster des Ordensmanns – zu erkundigen, ist man mit dem Nachnamen auf der sicheren Seite. Den oben als Beispiel genannten Jesuitenpater würden Sie dann mit »Guten Morgen, Pater Doktor Brugger« begrüßen. Dr. Fahrenkamp löst das Problem gut, indem er sich zunächst selbst vorstellt. Daraus, dass sich der Ordensmann als »Pater

Antonius« vorstellt, kann der Chefarzt auch entnehmen, wie sein Gast angeredet werden möchte.

berufliche Hierarchie

Beim Begrüßen und Bekanntmachen geht Dr. Fahrenkamp bewusst nicht nach beruflichen Hierarchien vor. Nach der überkommenen Etikette müsste er jetzt überlegen, ob das Ärzteehepaar in der Hierarchie höher anzusiedeln ist oder der Krankenhausseelsorger. Entsprechend müsste er immer dem Höherrangigen den Niederrangigen vorstellen. *Dr. Fahrenkamp sieht hier aber lieber alle in der gleichen Rolle, nämlich als Gäste. Und unter den Gästen gibt es keine Hierarchie. Wichtiger als Hierarchien ist Dr. Fahrenkamp, die Gäste möglicht schnell miteinander bekannt zu machen.* Nicht zuletzt auch, damit er rasch wieder frei wird, um andere Gäste zu begrüßen.

Damenregel

Dr. Fahrenkamp möchte beim Bekanntmachen möglichst entspannt und pragmatisch vorgehen. Leider sieht Pater Antonius das anders und beharrt auf der traditionellen Etikette. Von der »Damenregel« haben Sie im vorherigen Kapitel schon einmal gehört. Nach der alten Etikette wird die Dame stets bevorzugt. Deshalb hätte hier der Dame – Dr. Iris Meyer-Lück – der Herr – Pater Antonius – vorgestellt werden »müssen«. Daraufhin hätten sich die Ärztin und der Ordensmann begrüßt. Erst danach wäre Dr. Carsten Meyer an der Reihe gewesen.

In der sogenannten Businessetikette gilt die »Damenregel« schon lange nicht mehr. Darüber ist man sich auch in sehr konservativen Kreisen einig. Am Arbeitsplatz sind Männer und Frauen gleichberechtigt und sollten auch so miteinander umgehen. Aber was ist im Privatleben grundsätzlich anders? Ich habe überhaupt keine Schwierigkeiten damit, Männer als Erstes zu begrüßen. Es wirkt doch albern und verkrampft, den vor einem stehenden Mann bewusst zu ignorieren, weil der hinter ihm stehenden Frau angeblich der Vorrang gebührt. Außerdem kann man sich fragen, ob die »Damenregel« jemals Ausdruck echter gesellschaftlicher Wertschätzung gewesen ist.

So wurden die Damen im 19. Jahrhundert zwar formvollendet hofiert, das Wahlrecht erhielten Frauen in Deutschland aber erst 1918.

Einem natürlichen und herzlichen Miteinander kommt es jedenfalls sehr zugute, wenn man nicht ständig Alter, Geschlecht und Hierarchieebene taxieren muss, bevor man auf Menschen zugeht. Ich würde niemanden herabwürdigen, indem ich ihn absichtlich warten lasse. Auch nicht den Hausmeister, wenn die Direktorin hinter ihm steht. Immer wieder zeigt sich hinter Etiketteregeln die Angst, einen Fehler zu machen. Ich mache aber höchstens dann einen Fehler, wenn ich Menschen missachte. Wobei sich mangelnde Achtung auch dann zeigt, wenn ich erwachsene Menschen belehren und erziehen will, so wie es sich Pater Antonius hier mit seinem Hinweis auf die »Damenregel« leider nicht verkneifen kann.

10:14 Uhr. Der Einzelne und die Gruppe

Mit einer blassrosa Umlaufmappe unter dem Arm stürmt Verwaltungsdirektor Georg Liebermann in den Vortragssaal. Sein gescheiteltes blondes Haar und die runde Brille lassen den 29-jährigen Juristen ein wenig wie einen Abiturienten aus den Vierzigerjahren aussehen. Der graue Anzug mit Weste sitzt etwas zu eng, und die dunkelblaue Krawatte zwängt seinen Hals sichtlich ein.

»Wer hat denn das genehmigt?«, fragt Georg Liebermann Frau Reine, nachdem er sich zwischen den Gästen zu ihr hindurchgeschlängelt hat. Mit seiner Umlaufmappe deutet er auf die bereits leeren Sektflaschen.

»Guten Morgen, Herr Liebermann. Wollen Sie auch ein Gläschen?«, entgegnet Christiane Reine gut gelaunt.

»Nein, ich muss gerade noch mit Ihrem Chef was besprechen.« Liebermann sieht sich suchend im Raum um. »Da vorne steht er ja.«

Dr. Fahrenkamp ist im Gespräch mit einem Herrn im dun-

kelblauen Anzug und offenen Hemd. Liebermann nähert sich Dr. Fahrenkamp von hinten und bleibt dann zögernd stehen.

»Ähem«, räuspert sich Liebermann. Als der Chefarzt nicht reagiert, klopft er Dr. Fahrenkamp auf die Schulter. Dieser dreht sich sofort um.

»Dr. Fahrenkamp, ich habe hier was Wichtiges. Die Urlaubsanträge müssen noch unterschrieben werden.«

»Ach, schön Sie zu sehen, Herr Liebermann«, sagt Dr. Fahrenkamp freundlich.

Dann wendet er sich wieder seinem Gesprächspartner zu: »Graf Schwerin, darf ich Ihnen gleich unseren Verwaltungsleiter Georg Liebermann vorstellen?« Zu Liebermann gewandt fügt er hinzu: »Herr Liebermann, das ist Graf Schwerin, Psychologe an der Kinderklinik in Münster.«

»Entschuldigung für die Störung, Hoheit«, sagt Liebermann und verbeugt sich leicht vor dem Psychologen.

»Meine Herren, würden Sie mich bitte entschuldigen«, sagt Dr. Fahrenkamp zu Liebermann und Graf Schwerin. »Ich möchte noch eine kleine Ansprache zur Begrüßung halten.«

»Vergessen Sie nicht zu sagen«, fordert Liebermann Dr. Fahrenkamp noch auf, als sich dieser bereits zur Seite dreht, »dass alle, die heute Mittag etwas essen wollen, sich auf der Essensliste eintragen müssen!«

Mit Verwaltungsleiter Liebermann trifft nun ein Einzelner auf eine Gruppe, in der er fast niemanden kennt. Das ist für die meisten Menschen eine etwas schwierige Situation, die oft Unsicherheit auslöst. Der junge und wenig lebenserfahrene Jurist Liebermann überspielt seine Unsicherheit, indem er den Chef herauskehrt. So klammert er sich an seine Umlaufmappe, obwohl er sich hätte fragen können, ob die Urlaubsanträge jetzt wirklich wichtig sind. Wenn ein Gast sich verspäten würde, wäre das vielleicht eine wichtige Info für Dr. Fahrenkamp, aber diese Formulare können bestimmt warten. Liebermann stürmt nun gleich auf Frau Reine zu, weil er sie kennt. Dafür ignoriert er zunächst die Gäste und stellt sich damit spürbar über sie.

Liebermann spart es sich schließlich, Frau Reine zu begrüßen. Das ist schade, mag er nun ihr oberster Chef sein oder nicht. Da Liebermann in den Raum kommt und direkt auf Frau Reine zugeht, wäre es schön gewesen, wenn er das Gespräch mit einem freundlichen »Guten Morgen, Frau Reine« begonnen hätte. Stattdessen verhält er sich wie ein Aufseher, der nach dem Rechten sehen muss. Vermeintlich oder tatsächlich wichtige Fachfragen, Kritik oder Weisungen lassen unsichere Menschen zwar die erste Hürde nehmen und ein Gespräch beginnen. Eine freundliche Begrüßung kann das aber nicht ersetzen, und eine positive Stimmung entsteht so schon gar nicht.

Doch einmal angenommen, Georg Liebermann hätte tatsächlich einen Grund, Dr. Fahrenkamp kurz stören zu müssen. Wie würde er auf den Chefarzt zugehen, der gerade im Gespräch mit Graf Schwerin ist? Wenn er keinen direkten Blickkontakt mit Dr. Fahrenkamp bekommt, würde er die Situation erst einmal beobachten, sich vorsichtig nähern und eine Gesprächspause abwarten. Liebermann stört so oder so, also kann das Ziel nur noch sein, möglichst wenig zu stören. Folglich tritt er am besten direkt auf Dr. Fahrenkamp und Graf Schwerin zu und sagt vielleicht: »Entschuldigung, dass ich Sie störe.« Sich zu räuspern wirkt jedenfalls wichtigtuerisch. Und auf keinen Fall sollte er durch Antippen oder Ähnliches in die intime Distanzzone eines anderen eindringen. Verstummt das Gespräch und wenden sich die beiden Gesprächspartner Liebermann zu, ist es nun zunächst einmal angebracht, dass Liebermann sich dem Fremden vorstellt. Also etwa: »Guten Morgen, ich bin Georg Liebermann.«

Dr. Fahrenkamp verhält sich in dieser Situation souverän. Er geht auf Liebermanns Fauxpas nicht weiter ein, sondern begrüßt den Verwaltungsleiter höflich. Die Sache mit den Urlaubsanträgen ignoriert er einfach. Natürlich ist auch

Dr. Fahrenkamp nicht bereit, alles zu ertragen. Er weiß bloß, dass es sinnlos wäre und nur die Atmosphäre zerstören würde, stellte er Liebermann jetzt vor den anderen bloß. Er bleibt selbst demonstrativ freundlich – das muss als »Botschaft« für Liebermann genügen.

Dr. Fahrenkamp hält sich jetzt einmal an die klassische Etikette und stellt dem Außenstehenden – Graf Schwerin – seinen Kollegen – Georg Liebermann – vor. Doch nicht, um der Etikette zu genügen, sondern weil es die Situation sehr schön glatt bügelt. Den Grafen Schwerin als »Graf Schwerin« anzusprechen und vorzustellen ist absolut in Ordnung. »Herr Graf Schwerin« wäre eine Doppelung. »Hoheit«, wie Liebermann den Psychologen aus Unsicherheit anspricht, liegt schließlich ganz daneben. Mit »königliche Hoheit« wurden (und werden) Angehörige von Königshäusern angesprochen.

Adelstitel

Und den Grafen Schwerin einfach mit »Herr Schwerin« ansprechen? Ich würde das nicht tun, jedenfalls nicht, ohne dass dieser mich ausdrücklich dazu ermuntert hat. Natürlich weiß ich, dass wir in Deutschland (für Österreich und die Schweiz gilt Ähnliches) in einer Republik leben und die Privilegien des Adels schon lange abgeschafft sind. Aber Adelstitel sind hierzulande nun einmal ganz legaler Bestandteil des Namens. Sie stehen im Personalausweis und im Reisepass. Und wer seinen Adelstitel loswerden will, kann ihn sich einfach behördlich streichen lassen, so wie es beispielsweise der Politiker Dr. Hermann Otto Solms getan hat.

Solange jemand seinen Adelstitel weiterhin führt, ist es für mich einfach ein Zeichen von Geschichtsbewusstsein, den Betreffenden mit seinem Titel anzureden. Mir bricht da kein Zacken aus der Krone, wenn ich jemandem diese kleine Extraportion Respekt erweise. Millionen Menschen feiern ja auch Weihnachten, obwohl sie keine Christen (mehr) sind. Jedenfalls fände ich es respektlos, zu einer Gräfin Fugger einfach Frau Fugger zu sagen.

Interessanterweise habe ich in den letzten Jahren immer häufiger mit Adeligen zu tun. Ich habe da die Angewohnheit entwickelt, vorher immer etwas zu recherchieren. Rufe ich deshalb im Sekretariat eines Adeligen an und frage, wie derjenige angeredet werdet soll, dann höre ich häufig »Durchlaucht« oder »Herr Baron«. So halten es die Angestellten wohl oft selbst mit ihrem Chef. Wobei »Herr Baron« früher meist die Anrede des »einfachen« Volkes gegenüber Landadeligen war. Begegne ich dem Betreffenden dann persönlich, bittet er mich typischerweise, auf diese Anrede doch zu verzichten. Übrigens hat schon der berühmte Adolph Freiherr Knigge vor über 200 Jahren zum Besten gegeben, er wolle lieber »der freie Herr Knigge« sein. Der Träger eines Titels hat eben immer die freie Wahl, wie er ihn handhaben will.

Doktortitel, Professorentitel

Die Argumente für den Adelstitel gelten für mich analog auch für den Doktortitel und den Professorentitel. Nur bei Journalisten und Politikern ist es üblich, den akademischen Titel in der Öffentlichkeit wegzulassen. Alle anderen würde ich immer mit »Herr Doktor Müller« oder »Frau Professor Meier« begrüßen und vorstellen, sofern ich sicher weiß, dass sie diese Titel haben. Das drückt einfach Wertschätzung gegenüber der Persönlichkeit und der individuellen Leistung eines Menschen aus. *Es wäre kleinkariert, Titel nur deshalb zu ignorieren, weil man meint, sich damit jemandem unterzuordnen. Respektvoll miteinander umzugehen bedeutet ja nicht, devot zu sein.* Auf die goldene Mitte kommt es an.

Doktorhut und blaues Blut: Tipps für die richtige Anrede

Titel, Ordensnamen oder Amtsbezeichnungen sind die kleinen »Schikanen« beim Begrüßen und Vorstellen. Auf der folgenden Seite sind einige Tipps für die respektvolle Anrede im Überblick:

Name	Empfehlenswerte Anrede
Dipl.-Ing. Marion Müller	Frau Müller
Dr. Carsten Meyer	Herr Doktor Meyer
Prof. Dr. Christa Hiller	Frau Professor Hiller
P. Dr. Kunibert Bauer OSB	Pater Doktor Bauer
Effi von Elfenbein	Frau von Elfenbein
Antonia Gräfin Bergedorff	Gräfin Bergedorff
Pfr. Hartmut Eberlein	Pfarrer Eberlein
Bundeskanzlerin Dr. Angela Merkel	Frau Bundeskanzlerin

In Österreich werden übrigens Titel verwendet, die in Deutschland nur Berufsbezeichnungen wären, beispielsweise »Herr Ingenieur« oder »Frau Apotheker«. So hat eben jedes Land noch einmal seine Eigenarten.

10:31 Uhr. Begrüssung per Ansprache

»Meine Damen und Herren!«, spricht Dr. Fahrenkamp laut und deutlich in den Raum. Er hat sich vorn neben den Tageslichtprojektor gestellt und lässt den Blick unter den Gästen umherschweifen. Als alle verstummt sind, fährt er fort:
»Ich bin Clemens Fahrenkamp und begrüße Sie alle noch einmal herzlich hier in der Kinderklinik Mainz. Ich hoffe, dass Sie alle etwas zu trinken haben und sich wohl fühlen. Unser Verwaltungsdirektor Georg Liebermann, den ich Ihnen hiermit vorstellen darf, wird Sie gleich durch unser Haus führen. Um 12.30 Uhr laden wir Sie zum Mittagessen in unsere Cafeteria ein. Anschließend stehen Ihnen Herr Liebermann und die Oberärztin Frau Dr. Susanne Kleinfeld hier im Vortragssaal als Gesprächspartner für weitere Fragen zur Verfügung. Ich wünsche Ihnen einen angenehmen und gewinnbringenden Tag bei uns!«

Als alle Gäste eingetroffen sind, hält Dr. Fahrenkamp eine kleine Begrüßungsansprache. Er stellt sich nochmals vor und heißt alle Gäste herzlich willkommen. So kann er sich wirklich sicher sein, niemanden vergessen zu haben. Die kleine Ansprache hat aber auch die Funktion eines Startsignals. Es ist Sache des Gastgebers, den offiziellen Beginn einer solchen Veranstaltung zu markieren. Solange er das nicht tut, werden die Gäste Smalltalk betreiben.

Begrüssungsansprache

Dr. Fahrenkamp ist gut beraten, seine kleine Ansprache eher spontan und improvisiert zu halten. Ein Manuskript aus der Tasche zu ziehen oder mit einem imposanten klassischen Zitat zu beginnen, wäre hier eindeutig des Guten zu viel. Der Chefarzt beschränkt sich inhaltlich auf einige kurze Hinweise zum Tagesablauf. Er spart sich bürokratische oder übereifrige Hinweise, etwa zur Lage der Toiletten oder zur genauen Regelung beim Mittagessen, weil das die Gäste nur langweilen würde. Allerdings entschuldigt sich Dr. Fahrenkamp auch nicht umständlich dafür, dass er nun gleich aufbrechen und seine Gäste verlassen wird. Vielmehr übergibt er die Gastgeberrolle geschickt an Verwaltungschef Liebermann, indem er diesen vorstellt und dessen Hausführung ankündigt. Auch wenn Dr. Fahrenkamp nur wenig Zeit für die Besucher der Klinik hatte, ist es ihm gelungen, einen stilvollen Rahmen zu schaffen. Es war ihm wichtig, die Gäste persönlich zu begrüßen und miteinander bekannt zu machen. So konnten diese sich gleich willkommen fühlen. Die klassische Etikette des Begrüßens und Vorstellens hat Dr. Fahrenkamp dabei sehr frei und der Situation angepasst gehandhabt. Er hatte keine Scheu vor fremden Menschen und konnte kleinere Peinlichkeiten immer schnell abfangen.

Und wie geht es Ihnen in solchen Begrüßungssituationen? Der beste Tipp, den ich Ihnen geben kann, lautet: Je glatter das Parkett ist, auf dem Sie sich bewegen, desto besser ist, die Ledersohlen gegen Gummisohlen zu tauschen. Wer steif ist, der rutscht auch leicht aus. Wer dagegen locker bleibt, hat erheblich mehr Bodenhaftung. *Denken Sie auch hier wieder daran: Sie können eigentlich gar nicht viel falsch machen, wenn Sie Menschen mögen und sich auf die Begegnung mit ihnen freuen.*

Und wenn Sie doch einmal ins Schleudern geraten – was soll's? Wir sind alle nur Menschen. Beobachten Sie einfach genau, was um Sie herum geschieht. Nehmen Sie mit allen Sinnen wahr, wie die anderen sich verhalten, und versuchen Sie zu spüren, was in ihnen vorgeht. Lassen Sie sich auf Menschen ein – ganz entspannt im Hier und Jetzt. Wenn Sie dann noch Störfaktoren möglichst ausblenden, den Stress einfach im Büro lassen und sich ganz auf die Menschen, die Sie begrüßen oder kennenlernen möchten, konzentrieren, wird die »Vorstellungsrunde« kein Ritual, sondern eine anregende Erfahrung sein.

11:00 Uhr

»Lieber Winfried, herzlichen Glückwunsch!«

Authentisch auftreten mit Körper und Stimme

Gesellschaftliche Anlässe | Gratulieren | Die Kunst des Schenkens | Sprechweise und Körpersprache | Besserwisser und Alleinunterhalter | Stegreifreden

»Jetzt rechts abbiegen!«, fordert eine kühle Frauenstimme Dr. Fahrenkamp auf, als er bereits das Lenkrad einschlägt, um die Bundesstraße zu verlassen. In sattem Maigrün sieht er die Weinberge des Rheingaus ansteigen und ahnt den Verlauf der schmalen Straße, die sich zum Weingut emporschlängelt. Über die Telefontastatur in der Mittelkonsole seines Volvo wählt er die Mobilnummer von Felicitas Fahrenkamp. Nach wenigen Augenblicken hebt sie ab und begrüßt ihn mit einem freundlichen Hallo.

»Hallo Schatz, wie war der Termin im Konsulat?«, fragt Dr. Fahrenkamp seine Frau, während die Automatik auf der steil ansteigenden Straße zurückschaltet.

»Der Empfang war super. Annette hat vorher natürlich die Pferde scheu gemacht. Aber Konsul Magave ist ein ganz lockerer Typ. Er ist auch total begeistert von unserem Projekt. Und wie läuft es bei dir?«

»Auch gut. Ich bin noch im Auto, aber kurz vor dem Weingut, auf dem Winfried feiert. Stell dir vor, Liebermann hat vorhin Graf Schwerin mit ›Hoheit‹ angeredet.«

»Dem schenken wir am besten mal einen Knigge-Kurs. Gut, dass er nicht mit zu Winfried muss. Als echter Banker hat der bestimmt die ganzen Frankfurter Wirtschaftspromis eingeladen.«

»Mit Sicherheit. Deshalb wollte ich dich auch noch fragen, ob du es okay findest, wenn ich in meiner Rede diese kleine, peinliche Geschichte von unserem Abi-Ball erzähle. Geht das – oder ist das zu blöd?«

»Die Geschichte solltest du unbedingt erzählen. Schon weil die Peinlichkeit auf deine Kosten geht!«

Wenige Augenblicke später erreicht Dr. Fahrenkamp den kleinen Parkplatz des Weinguts, auf dem etliche dunkle Oberklasselimousinen abgestellt sind. Als er einen der letzten Parkplätze erwischt hat, verabschiedet er sich von seiner Frau am Telefon, steigt aus, nimmt sein Jackett vom Bügel hinter dem Fahrersitz und zieht es wieder an. Im Außenspiegel kontrolliert er, ob seine Krawatte sitzt, und wirft einen letzten prüfenden Blick auf seine Schuhe. Dann nimmt er ein großes, längliches und doch leichtes Paket aus dem Kofferraum und schlendert damit auf den Eingang des schlossähnlichen Hauptgebäudes zu. Die Feier kann beginnen.

Mal ganz ehrlich: Würden Sie genauso entspannt zu der noblen Geburtstagsfeier fahren wie Dr. Fahrenkamp? Wo sich hier doch offensichtlich die Prominenz aus Wirtschaft und Politik ein Stelldichein gibt? Falls Sie da Zweifel haben, darf ich Sie beruhigen. Denn in diesem Fall gehören Sie sicher zur großen Mehrheit. Aus zahllosen Knigge-Seminaren weiß ich, dass die meisten Menschen gerade vor solchen förmlichen Festlichkeiten Angst haben. Ja, viele beschleicht sogar die nackte Panik beim Gedanken an all die schwarzen Anzüge und Cocktailkleider. Selbst der souveräne Dr. Fahrenkamp bekommt in einem Punkt kalte Füße: Er vergewissert sich erst bei seiner Frau, ob die Anekdote aus der mit dem Jubilar gemeinsamen Vergangenheit, die er in seine Geburtstagsansprache einbauen will, für dieses Publikum nicht zu persönlich, zu albern oder sonst wie unpassend ist.

Gesellschaftliche Anlässe

Wie kommt es zu dieser Befangenheit? Bei vielen liegt sie sicher schlicht an mangelnder Erfahrung auf dem gesellschaftlichen Parkett. Es sind vor allem Jüngere, die mit zunehmendem beruflichem Erfolg in gesellschaftliche Situationen geraten, die sie aus ihrem Elternhaus nicht kennen. Bei anderen sind es vielleicht gerade negative Erlebnisse aus der Kindheit, die sie als Erwachsene befangen machen. Wer als Kind einmal das Gefühl hatte, sich oder seine Eltern bei einem gesellschaftlichen Anlass blamiert zu haben, schleppt die Angst vor Bloßstellung möglicherweise noch lange mit sich herum. Wieder andere sind schließlich einfach introvertierte Typen und fühlen sich unter vielen Menschen unwohl.

Egal, was die Gründe für Befangenheit bei gesellschaftlichen Anlässen sind – nach meiner Erfahrung hilft üben, üben, üben! Nutzen Sie jede Gelegenheit, um an Einladungen zu offiziellen Anlässen zu kommen. Gehen Sie zu Opernpremieren oder auf Bälle.

Sammeln Sie einfach Erfahrungen, denn nur die Erfahrung macht den Gesellen zum Meister. Manche halten sich übrigens bei förmlichen Anlässen an einen alten Trick: »Stell dir einfach die ganzen wichtigen Herren in Unterhosen vor!« Natürlich ist es auch eine Typfrage, ob solche Gedankenspiele helfen, sich locker zu machen. Probieren Sie es einfach aus. Was auf jeden Fall hilft, ist gute Vorbereitung. Dr. Fahrenkamp hat sich nicht nur dem Anlass gemäß gekleidet, sondern er macht sich auch Gedanken darüber, in welchem Zustand die Kleidung bei seiner Ankunft sein wird. Deshalb setzt er sich nicht im Jackett ans Lenkrad, sondern hängt es hinter dem Fahrersitz auf, wo es nicht verknittern kann. So würde es eine Frau mit ihrer Kostümjacke auch machen. Dass er beim Aussteigen im Rückspiegel den Sitz seiner Krawatte kontrolliert, ist nicht übertrieben eitel, sondern nur gewissenhaft. Auch auf die Schuhe lohnt sich noch einmal ein Kontrollblick. Es ist schon angenehm, wenn sie sauber sind. Zur Not kann man jetzt noch einmal kurz nachhelfen.

Festtagskleidung

Letztlich ist gepflegte Festtagskleidung ein Zeichen des Respekts. Sie signalisieren damit dem anderen: Du bist es mir wert, dass ich auf mein Äußeres achte und etwas Besonderes anziehe. Wer dagegen sagt: »Ich sehe nicht ein, warum ich mich umziehen soll«, sagt damit immer auch: Ich brauche auf andere keine Rücksicht zu nehmen, ich bin mir selbst der alleinige Maßstab. Gerade Geburtstagsfeiern sind aber ein Anlass, bei dem man einem anderen einmal seine volle Wertschätzung zeigen möchte.

11:09 Uhr. Herzlichen Glückwunsch!

Als Dr. Fahrenkamp das Hauptgebäude des herrschaftlichen Weinguts betritt, das mittlerweile als Hotel und Restaurant genutzt wird, erblickt er sogleich rechts die Rezeption. Freundlich bittet er die Rezeptionistin, ihm das längliche Paket im silbernen Geschenkpapier abzunehmen und für etwa eine halbe Stunde aufzubewahren. Dann werde er es wieder abholen.

Durch festlich geschmückte Räume kommt Dr. Fahrenkamp geradeaus auf eine große Terrasse, auf der sich die meisten Gäste aufhalten. Einen Moment bleibt er stehen und genießt den atemberaubenden Blick in das Rheintal. Dann entdeckt er den Jubilar im Gespräch mit dem Landeswirtschaftsminister. Selbstbewusst geht er auf die beiden zu und nimmt Blickkontakt zu seinem Schulfreund auf. Doch der Minister redet und redet und redet. Aus dem Gespräch scheint längst ein Monolog geworden zu sein.
»Entschuldigen Sie bitte, darf ich kurz stören?«, fragt Dr. Fahrenkamp den Minister. Als dieser knapp nickt, wendet er sich dem Jubilar zu: »Lieber Winfried, herzlichen Glückwunsch zum 40. Geburtstag!«
Winfried Vollmar lacht amüsiert, während der Wirtschaftsminister irritiert und verständnislos dreinblickt.

Wohin bloß mit dem sperrigen Geschenk? Dr. Fahrenkamp hat Glück, dass die Geburtstagsfeier in einem Hotelrestaurant stattfindet. So kann er das Paket an der Rezeption hinterlegen. Denn weil er eine kleine Rede plant, ist es stilvoll, das Geschenk erst im Anschluss an diese Ansprache zu überreichen. So bleibt auch die Spannung erhalten, und es ist noch für ein Überraschungsmoment gesorgt. Außerdem gratuliert es sich ohne Paket unter dem Arm natürlich auch besser.

Dr. Fahrenkamp sieht den Jubilar im Gespräch mit einem Politiker – oder vielmehr umgekehrt. Dass Politiker in Gesellschaft ohne Punkt und Komma reden, ist ein bekanntes Phänomen. Es liegt aber auch daran, dass viele Menschen verstummen, wenn sie einem Politiker, den sie vielleicht aus dem Fernsehen kennen, in natura begegnen. Der Politiker, dem das Schweigen unangenehm ist, meint dann, er müsse den anderen unterhalten. Manchen geht das irgendwann in Fleisch und Blut über. Sie halten dann Monologe, statt Gespräche zu führen.

Der Wirtschaftsminister müsste aber merken, dass er hier

zu viel Raum für sich beansprucht. Er ist Gast wie jeder andere. Und zu den Pflichten des Gastes zählt nun mal, den Gastgeber nicht über Gebühr zu beanspruchen, damit dieser allen Gästen gleichermaßen gerecht werden kann. Dr. Fahrenkamp ist deshalb auch kein Vorwurf zu machen, wenn er höflich, aber bestimmt unterbricht. Unsouverän wäre, einen Rückzieher zu machen oder sich immer wieder anzuschleichen und dann wieder abzudrehen. So bittet er den Minister kurz um Entschuldigung für die Störung. Und warum stellt er sich ihm nicht gleich vor? Weil es der Ehrentag von Winfried Vollmar ist und die Glückwünsche an den Jubilar jetzt erst einmal Vorrang haben.

Dr. Fahrenkamp gratuliert Winfried Vollmar zum 40. statt zutreffend zum 50. Geburtstag. Das ist ein kleiner Gag, den er sich als alter Schulfreund erlauben kann. Durch die lange gemeinsame Vergangenheit herrscht zwischen den beiden Männern eine besondere Nähe, die sie auch freimütig ausdrücken sollten. Da muss auch nicht jeder der Umstehenden immer alles verstehen.

Der kleine Scherz, den alten Freund um zehn Jahre jünger zu machen, hat übrigens einen sehr interessanten wissenschaftlichen Hintergrund. Eine neuere Studie besagt, dass sich das

Alter

subjektive Erleben des Alters bei der sogenannten »Babyboomer-Generation«, die nach dem Zweiten Weltkrieg in wachsendem Wohlstand aufgewachsen ist, gegenüber früheren Generationen stark verändert hat. Bei einem Menschen um die 50 liegt das »gefühlte Alter« heute tatsächlich zehn Jahre darunter. Lebensgefühl und Altersempfinden werden ungefähr mit 43 »eingefroren« und pausieren dann bis Mitte 50, so die Wissenschaftler.

Diese neueren Erkenntnisse stehen im Gegensatz etwa zu der Theorie der Lebensalter, die der große christliche Philosoph Romano Guardini noch Mitte des 20. Jahrhunderts formuliert hat. Danach macht der Mensch im Laufe seines

Lebens ungefähr alle sieben Jahre einen tiefgreifenden Reifungsprozess durch. Ab Mitte 40 stellt sich dann das Lebensgefühl des reifen Menschen ein. *Im 21. Jahrhundert scheint es, dass Jugendlichkeit und nicht mehr Reife als Ideal gilt. Und das hat natürlich Konsequenzen für Stilempfinden und Umgangsformen. Mit 50 möchte noch niemand den gesetzten älteren Herrn geben.* Vielleicht möchten einige das überhaupt nicht, werden aber ab Mitte 50 von der Wirklichkeit eingeholt. Möglicherweise würde es Winfried Vollmar sogar als kränkend empfinden, nun mit 50 übertrieben respektvoll behandelt zu werden. Dr. Fahrenkamp richtet sich als Gratulant darauf ein und tritt sehr entspannt auf.

11:16 Uhr. Körper und Sprache in Gesellschaft

Nachdem Dr. Fahrenkamp seinem Schulfreund gratuliert und ein paar Worte mit ihm gewechselt hat, nimmt er sich ein Glas Rheingau-Sekt, das ihm ein junger Kellner auf einem Tablett anbietet, und schlendert auf der Terrasse zwischen den Gästen umher. Interessiert beobachtet er eine Weile, was sich um ihn herum so alles tut.

Da ist eine junge Frau in einem Cocktailkleid, die mit anderen Gästen in einer kleinen Gruppe steht. In fast regelmäßigen Abständen schallt ihr helles, mädchenhaftes Lachen über die Terrasse. Einige Männer schielen neugierig zu ihr hinüber.

In respektvollem Abstand geht Dr. Fahrenkamp an einem Paar mittleren Alters vorbei, das sich mit einem weiteren Paar unterhält. Unweigerlich schnappt er dennoch einige Wortfetzen auf: »Du siehst das völlig falsch … so war das aber nicht … das stimmt doch gar nicht …« Na, die amüsieren sich ja prächtig, denkt Dr. Fahrenkamp schmunzelnd und geht weiter.

Da kommt er wieder beim Wirtschaftsminister vorbei, der offenbar gerade auf den Höhepunkt eines weiteren Monologs zusteuert. Während zwei junge Männer ihm noch andächtig zuhören, wenden sich zwei weitere Herren von ihm ab. Der Minister scheint es gar nicht zu bemerken.

Nach dem Monolog des Politikers versorgen sich die beiden Herren erst einmal mit einem frischen Glas Sekt und leckeren Kanapees. Da stürzt schon ein Bekannter auf sie zu, der offensichtlich gerade eingetroffen ist, begrüßt sie freundlich und reicht ihnen die Hand.
Unterdessen sind die beiden jungen Männer immer noch den Verlautbarungen des Ministers ausgeliefert. Einer hat beide Hände in den Hosentaschen, der andere spielt hörbar mit Autoschlüssel und Münzen in seiner Jacketttasche.
Genau der richtige Moment für meine kleine Rede, denkt sich Dr. Fahrenkamp und geht an die Rezeption, um das längliche Paket wieder abzuholen.

Körperhaltung, Sprechweise, Gesprächsführung

Körperhaltung, Sprechweise und Gesprächsführung offenbaren eine ganze Menge über einen Menschen, der sich in Gesellschaft befindet. *Stilvoller Umgang setzt hier voraus, sich seiner Wirkung bewusst zu sein und die richtige Mitte zwischen Steifheit und Sich-Gehenlassen zu finden.* Dabei hilft Ihnen auch wieder, die Situation genau zu beobachten und sich zu fragen, wie Sie den Umgang mit anderen für beide Seiten so angenehm wie möglich gestalten können. Die mädchenhaft lachende oder kichernde Frau – wer kennt sie nicht? Irgendwie scheint sie zum »Inventar« jeder Party zu gehören. Mit ihrem Lachen steht sie oft ungewollt im Mittelpunkt. Viele Männer beobachten sie und scheinen sich dabei oft nicht recht entscheiden zu können, ob sie von ihrer Art fasziniert oder abgestoßen sind. Vielleicht waren diese »Sonnenscheinmädchen« einmal Papas Lieblingskind und sind nun immer noch auf diese Rolle abonniert.

Einmal habe ich mich in Gesellschaft mit einer Frau um die 50 über ein paar sehr ernste Themen unterhalten. Das Schicksal schien es gerade nicht gut mit ihr zu meinen, und sie wirkte sichtlich bedrückt. Aber immer, wenn sie etwas erzählt hatte, war es am Ende, als betätigte sie einen Lichtschalter und setzte damit ein strahlendes Sonnenscheingesicht auf.

Das wirkte sehr unnatürlich und paradoxerweise irgendwie traurig.

Es gibt tausend Gründe, warum wir in Gesellschaft Masken aufsetzen. Oft merken wir selbst überhaupt nicht, dass wir es tun. *Die beste Art, unnatürliches Auftreten zu verhindern, ist, sich eine ehrliche Rückmeldung vom Partner, von einem guten Freund oder einer guten Freundin zu holen.* Fragen Sie den anderen in einer ruhigen Minute am besten ganz direkt: Wie wirke ich? Was fällt dir an mir auf? Wenn Sie offen für ehrliches Feedback sind, werden Sie es bestimmt auch bekommen. Und wenn Sie erst einmal wissen, was anderen möglicherweise an Ihnen »auffällt«, haben Sie es auch in der Hand, das zu verändern und sich natürlicher zu geben. Aber auch wenn Paare auftreten, gibt es eingespielte Verhaltensmuster, die für Außenstehende nicht unbedingt angenehm sind. Kennen Sie das Duett »Anything you can do, I can do better?« aus dem Musical »Annie Get Your Gun«?

Unangenehme Umgangsformen

Amüsiert kommt Dr. Fahrenkamp an einem Ehepaar vorbei, das dieses »Besserwisserspiel« gerade spielt. Das gehört für mich ebenfalls längst zu den Klassikern unangenehmer Umgangsformen. »Nein, Schatz, du irrst dich. – Doch, ganz bestimmt, ich habe recht …« Solche Dialoge zwischen Paaren sind für diejenigen, die sie unfreiwillig mit anhören müssen, ungeheuer nervig. Rechthaberei in der Öffentlichkeit ist einfach abstoßend. Doch leider ist das Besserwisserspiel keineswegs auf Paare beschränkt. Es scheint überhaupt zu den beliebtesten Spielen für Erwachsene zu gehören. Wenn Sie merken, dass jemand alles besser weiß und besser kann – lassen Sie ihn doch. Spielen Sie das Spiel einfach nicht mit, dann verläuft es schnell im Sande.

Es kann natürlich sein, dass jemand einfach weiterredet, egal, was Sie sagen oder nicht sagen. Man muss nicht einmal Politiker sein, um zu monologisieren. Wahrscheinlich kennt jeder ein paar Leute, die längst bei allen für ihre Lieblingsthemen bekannt sind. Nichts gegen Interessen und Hobbys – aber solche Zeitgenossen lassen sich immer wieder endlos über dieselben Themen aus, egal, ob es die anderen interessiert oder nicht. Dahinter steckt eine egozentrische Grundhaltung: Ich und mein Spezialgebiet, ich und meine Geschichte, ich und mein Humor und so weiter. Wenn jemand derart um sich und seine Lieblingsthemen kreist, spürt der Gesprächspartner schnell Verachtung. Ja tatsächlich: Verachtung. Er fühlt sich ignoriert und mit seinen Interessen und seiner Geschichte nicht ernst genommen. Das ist der Grund, warum er sich schließlich abwendet. Unbewusst drängt es ihn, die Situation zu verlassen, um sein Selbstwertgefühl wiederherzustellen.

Wenn Sie mit einem solchen »Alleinunterhalter« trotzdem im Gespräch bleiben wollen, sollten Sie sich aktiv einbringen. Haken Sie ein, spinnen Sie Fäden weiter und leiten Sie zu weiteren interessanten Themen über. Gespräche in Gesellschaft sind immer ein Geben und Nehmen. Sie gelingen, wenn jeder zu beidem bereit ist.

Händeschütteln

In unserer Szene haben zwei Gäste keine Lust mehr, weitere politische Heldentaten des Wirtschaftsministers erzählt zu bekommen. Sie wenden sich ab und versorgen sich erst einmal mit Sekt und Kanapees. Und dann will ein weiterer Gast ihnen zur Begrüßung die Hand reichen. Da will man nur sagen: Augen auf! Wie soll das Händeschütteln denn funktionieren – mit Essen und Getränken? Im Gegensatz etwa zu England oder den USA ist es zwar in unseren Breiten durchaus üblich, sich mit Handschlag zu begrüßen. Aber es ist keinesfalls nötig! Aufmerksam wäre gewesen, wenn der Grüßende zum Beispiel einfach einen »Guten Appetit!« gewünscht hätte.

Immerhin sollte die ausgestreckte Hand Höflichkeit signalisieren. Von den beiden Händen, die in den Hosentaschen des jungen Mannes verschwunden sind, wird man das nicht behaupten können. *Körpersprachlich signalisiert die Hand in der Hosentasche: Ich verstecke etwas. Das ist für die anderen nie erfreulich. Beide Hände in den Hosentaschen sind immer im roten Bereich.* Es strahlt einfach Gleichgültigkeit aus. Bei zwanglosen Anlässen ist eine Hand in der Hosentasche für Männer vielleicht noch akzeptabel. Bei gesellschaftlichen Anlässen würde aber auch das schon sehr stören.

Jacketttasche

Die Hand gehört auch nicht in die Jacketttasche, selbst dann nicht, wenn Sie das in französischen Filmen schon einmal gesehen haben. Die Jacketttasche sollte am besten einfach zugenäht bleiben, dann kommt man auch nicht in die Versuchung, dort irgendwelche Utensilien unterzubringen. Es sieht einfach hässlich aus, wenn sich an einem Anzug die Taschen ausbeulen. Und es irritiert jeden Gesprächspartner, wenn jemand mit Geld oder Schlüsseln herumklappert. Geld gehört ohnehin in eine (möglichst schlanke) Geldbörse, die Männer in der Gesäßtasche oder der Innentasche des Jacketts verstauen können. Und Frauen tragen zu eleganter Garderobe am besten ein kleines Handtäschchen mit möglichst wenig Inhalt.

Vielleicht fragen Sie sich, wo Männer denn mit ihren ganzen Utensilien hinsollen. Frauen haben es ja leichter, denn sie können vieles (auch nicht alles) in ihrer Handtasche unterbringen. *Für Männer heißt es da eben Ballast abwerfen. Zum Beispiel lasse ich bei gesellschaftlichen Anlässen mein Handy grundsätzlich im Auto.* Ich hätte sowieso keine Gelegenheit, es zu benutzen. Auch besitze ich zwei unterschiedliche Schlüsselbunde: ein dickes mit sämtlichen Schlüsseln und ein schmales mit nur den allerwichtigsten. Das schmale verschwindet selbst im Abendanzug unauffällig. Und wenn Sie nicht mit dem Auto unterwegs sind, gibt es an vielen Veranstaltungsorten auch eine bewachte Garderobe, eine Rezeption oder sogar Schließfächer, in denen Sie alles aufbewahren können, was Sie nicht unbedingt am Körper tragen müssen. So fühlen Sie sich spürbar von Ballast befreit. Probieren Sie es aus!

11:37 Uhr. Geburtstagsrede und Geschenk

Als nach einer guten halben Stunde alle Gäste eingetroffen sind, hebt Winfried Vollmar zu einer kleinen Begrüßungsansprache an. »Ich heiße noch mal alle herzlich willkommen«, sagt der Jubilar, wünscht eine schöne Feier und erhebt sein Glas.

»Die Gelegenheit möchte ich gleich ergreifen«, schließt Dr. Fahrenkamp sich mit klarer, deutlicher Stimme an, als alle Gäste getrunken haben.

»Lieber Winfried«, fährt er fort, »ich weiß nicht, ob du dich noch an unsere Abiturfeier in der Wiesbadener Stadthalle erinnerst. Immerhin ist es 20 Jahre her. Oder sind es 30? Jedenfalls habe ich mich damals zu dir umgedreht – und dabei mein volles Glas Sekt ausgerechnet auf das Kleid des Mädchens geschüttet, das wir beide so toll fanden. Der ganze Saal hat gelacht. Und ich wollte dir immer schon mal sagen, wie sehr ich mich freue, dass du meinen Fehler wiedergutgemacht hast. Du hast Barbara nach der Banklehre und dem Studium schließlich geheiratet. Vielen Dank dafür! Du bist eben ein echter Freund.«

Dr. Fahrenkamp blickt in die Runde und sieht amüsiert lachende Gesichter. Selbst der Wirtschaftsminister kann sich ein feines Lächeln nicht verkneifen. Da nimmt der Arzt das große längliche Paket in beide Hände, so dass alle es sehen können: »Ich habe dir natürlich auch ein Geschenk mitgebracht. Pack doch mal aus!«

Als Winfried Vollmar das Geschenkpapier öffnet, kommt ein Paddel zum Vorschein. Der Jubilar nimmt es in die rechte Hand und betrachtet es ratlos.

»Keine Angst«, beruhigt ihn Dr. Fahrenkamp. »Ich schenke dir kein Kanu. Dafür ist eure Garage sowieso viel zu klein. Nein, ich möchte gerne mit dir am Himmelfahrtstag den ganzen Tag im Paddelboot die Lahn hinunterfahren. Nur wir beide, wie in alten Zeiten …«

Dr. Fahrenkamp macht seinem alten Freund zwei immaterielle Geschenke: Einmal die Ansprache samt der netten Geschichte. Und dann die gemeinsame Bootsfahrt auf der Lahn. Keine Karte, kein Gutschein – nur die Rede und die Ankündigung. Und natürlich das Paddel als Gag, echter

Blickfang und nicht sofort zu entschlüsselndes Symbol, das den Überraschungseffekt noch verstärkt.

Die Kunst des Schenkens – hier beherrscht sie mal jemand. Viele tun sich mit dem Thema deutlich schwerer. Andere wiederum machen es sich allzu leicht und verschenken einfach das, was ihnen selbst am besten gefällt. Oder was ihnen zufällig Nettes zwischen die Finger gerät. Das ist weder besonders originell noch ausgesprochen wertschätzend. *Denn das eigentliche Geschenk ist nicht der materielle Wert, sondern die Empathie und die Anerkennung als einmalige Persönlichkeit, die der Schenkende dem Beschenkten gegenüber ausdrückt.* Was soll ein Jubilar denn auch mit lauter Sektflaschen, Feuerzeugen und Kugelschreibern anfangen? Am allerschlimmsten sind Geschenke aus zweiter Hand – weiterverschenken, was man selbst geschenkt bekommen hat und nicht gebrauchen kann. Der erste Schritt zum stilvollen Geschenk ist immer, sich zu überlegen, was dem anderen (nicht nur einem selbst) Freude machen könnte. Dazu muss man sich mit dem Jubilar ein wenig beschäftigen, seinen Geschmack und seine Lebensgewohnheiten zur Kenntnis nehmen – bei dieser wohlwollenden Beschäftigung mit dem anderen fängt das Schenken schon an. Wenn Sie Blumen schenken, dann fragen Sie sich zum Beispiel, was die dem Typ des anderen entsprechenden Farben sind und ob ein bestimmter Strauß dem Anlass und der Persönlichkeit des Beschenkten gerecht wird.

Kunst des Schenkens

Gleichzeitig sollte das Geschenk aber auch dem Schenkenden sympathisch sein, denn sonst wirkt es für den Beschenkten unglaubwürdig. So wäre es zum Beispiel seltsam, wenn jemand von einem militanten Nichtraucher aus seinem Freundeskreis eine Kiste Zigarren geschenkt bekäme.

Ideal ist, wenn das Geschenk etwas mit der Beziehung zwischen dem Schenkenden und dem Beschenkten zu tun hat. Sei es symbolisch, sei es, dass es die Beziehung tatsächlich pflegt und stärkt, wie die Bootstour, die Dr. Fahrenkamp seinem Schulfreund schenkt.

Aber Achtung: Wenn Sie solche gemeinsamen Unternehmungen verschenken, dann sollten Sie immer einen genauen Termin festlegen. Und wenn der Jubilar an diesem Tag nicht kann, dann unbedingt dranbleiben und sich sofort auf eine Alternative einigen. Würde Dr. Fahrenkamp nämlich bloß einen »Gutschein für eine Bootstour auf der Lahn« überreichen, bestünde die Gefahr, dass dieser an Winfried Vollmars 60. Geburtstag immer noch uneingelöst in der Schublade liegt.

Ein gelungenes Geschenk braucht weder immateriell noch unbedingt mit einem Gag verbunden zu sein. Zu einem materiellen Geschenk gehört aber in jedem Fall eine handgeschriebene Glückwunschkarte. Und hier gilt erst recht, was Dr. Fahrenkamp schon bei den Glückwunschkarten für seine Mitarbeiter beherzigt hat: Der Text sollte kein unverbindliches Blabla sein, sondern echte Wertschätzung für den anderen Menschen ausdrücken. Welche Rolle spielt der andere in Ihrem Leben? Warum ist jemand ein wichtiger Freund für Sie? Einmal im Jahr (eigentlich öfter) sollten Sie das zum Ausdruck bringen. *Positive Beziehungen verstehen sich nämlich nicht einfach von selbst, wie manche glauben. Und es kann auch niemand erraten, was Sie für einen anderen empfinden. Scheuen Sie sich also nicht, es in Worte zu fassen.* Manchmal kann es fast zu spät sein.

Glückwunschkarte

So ist es mir mit dem Leiter der Redaktion ergangen, in der ich als junger Mann ein Volontariat als Hörfunkredakteur absolviert habe. Für mich waren das zwei sehr schwierige Jahre, was nicht zuletzt an diesem Chef lag, mit dem es immer wieder fachliche Auseinandersetzungen gab. So wollte er mich beispielsweise lange nicht ans Mikrofon lassen, weil er mit meiner Aussprache nicht zufrieden war. Das habe ich damals als demütigend empfunden. Jahre später ist mir aber im Rückblick klar geworden, dass dies für mich auch eine wichtige, lehrreiche Zeit war. Und auch daran hatte dieser Chefredakteur seinen Anteil. Gut 20 Jahre nach meinem Volontariat hatte ich bei einer Feier Gelegenheit, ihm dies zu sagen und ihm zu danken. Ich habe gespürt, wie sehr ihn das gefreut hat.

Acht Wochen später war er tot. Heute bin ich froh, dass ich diese letzte Gelegenheit genutzt habe, meine Wertschätzung auszudrücken.

Geburtstag mal anders: Zeit zu verschenken

Vielleicht sagt Ihnen der Name Hans-Wilhelm Gäb etwas? Der Topmanager war Vorstandsmitglied bei Opel, Vizepräsident von General Motors Europa, Präsident der Deutschen Sporthilfe und Mitglied im Präsidium des Nationalen Olympischen Komitees. Klar, dass so ein Mann viele Leute kennt.

Doch als sein 70. Geburtstag nahte, schickte er an rund fünfhundert potenzielle Gäste eine »Nichteinladung« – ja, Sie haben richtig gelesen: eine Nicht-Einladung. Darauf stand in schöner Schrift gedruckt: *Eigentlich würde es sich gehören, diesen Geburtstag festlich zu begehen. Doch gebietet es sich, auch darüber nachzudenken, was man mit einer solchen Geburtstagsfeier eigentlich anrichtet …*

Der Geburtstag fiel auf einen Freitag. Gäb beschreibt die Folgen, die die Feier gehabt hätte: *Die Züge sind überfüllt, die Autobahnen voll, das geplante lange Wochenende mit Frau, Kindern und Enkeln ist hin. Aber klar, man fühlt sich ja freundschaftlich verbunden, man ist höflich … Viele nette Menschen machen sich auf den Weg in der Gewissheit, mit dem Geburtstagskind im Gewühle des Tages bestenfalls drei Sätze sprechen zu können.*

Und dann: *Eine bedrohliche Menge von Würdigungen, Lobreden und Grußworten, die Geduld und Ausdauer der Gäste auf das Äußerste strapazieren.*

Doch Hans-Wilhelm Gäb hat eine Idee: *Schenken wir uns gegenseitig ein paar freundliche Gedanken, jeder von seinem Standort aus. Sie denken dabei auch daran, was allein die Reise nach Frankfurt gekostet hätte. Und freuen sich, dass Sie dieses Geld nun nützlicheren Zwecken zuführen können und zudem noch kostbare Stunden Zeit gewonnen haben.*

Mich hat die »Nichteinladung« zum Schmunzeln gebracht und inspiriert. Vor allem gefällt mir der Schlusssatz, mit dem Hans-Wilhelm Gäb sehr viel Wertschätzung ausdrückt: *Ich bin froh und stolz, Menschen wie Sie zu kennen und Ihnen demnächst wieder zu begegnen – ohne Ihnen dabei gleich einen ganzen Tag zu klauen.*

Ansprache

Dr. Fahrenkamp drückt Wertschätzung gegenüber dem Jubilar nicht nur durch ein originelles Geschenk, sondern auch durch eine kleine Ansprache aus. Eine Glückwunschkarte zu überreichen wäre diskreter, aber auch langweiliger gewesen. Als langjähriger Freund hat Dr. Fahrenkamp auch gewissermaßen das Privileg, etwas sehr Persönliches erzählen zu dürfen. Und dennoch: Es ist schon eine kleine Mutprobe für den Arzt, das in diesem Rahmen zu tun. Der Lohn für den Mut ist ein Highlight, das die Gäste sichtlich genießen. Einer traut sich, etwas zu sagen – und was er erzählt, ist auch noch amüsant.

Entscheidend ist hier, worauf Felicitas Fahrenkamp ihren Mann am Autotelefon noch eigens hingewiesen hat: dass die Pointe nämlich auf seine Kosten geht. Dr. Fahrenkamp hat die Courage, über sich selbst zu lachen. Das macht ihn sympathisch. Schwierig wäre es dagegen, wenn die Peinlichkeit in der Geschichte vom Abi-Ball aufseiten des Jubilars gewesen wäre. Dann gingen die Lacher auf dessen Kosten, und er dürfte dazu noch gequält lächeln. *Wenn Sie gute Laune verbreiten wollen, dann tun Sie das lieber nicht auf Kosten anderer. Nehmen Sie am besten sich selbst auf die Schippe.*

Doch erst einmal müssen Sie sich überhaupt Gehör verschaffen. Dr. Fahrenkamp macht es hier geschickt, indem er sich einfach an die Rede des Gastgebers anhängt. So wird es in Deutschland seit der Amtszeit von Bundespräsident Roman Herzog sogar bei Staatsbanketten gehandhabt: Gastgeber und ausländischer Staatschef halten beide nacheinander vor dem

Essen ihre Reden. Dann wird ganz entspannt gegessen – ohne weitere Unterbrechungen. Wo es kein Protokoll gibt, hilft manchmal nur das klassische Gläser-klingen-Lassen, um für Aufmerksamkeit zu sorgen. Nicht schön, aber was wäre die Alternative?

Eine Geburtstagsansprache sollte immer eine Stegreifrede sein und maximal drei Minuten dauern. Sonst strapazieren Sie die Gäste zu sehr. Drücken Sie mit zwei, drei Punkten Wertschätzung aus, ohne weitschweifig zu werden. Humor ist immer gut, wenn er nicht zu schwarz ist und nicht in Ironie abgleitet, die missverstanden werden könnte. Stegreifrede

Die Körpersprache spielt auch für die Wirkung des Festredners eine wichtige Rolle. Sorgen Sie dafür, dass Sie gut stehen, mit Standbein und Spielbein, nicht breitbeinig und nicht mit verschränkten Beinen. So wirken Sie offen und kommunikativ. Manche müssen sich beim Reden immer irgendwo festhalten – an einer Stuhllehne oder sonst wo – und so gebrechlich und hilfsbedürftig wirken sie dann leider auch.

Lassen Sie die Schultern nicht hängen und halten Sie die Arme frei oberhalb der Gürtellinie. Die Finger können sich leicht berühren, so finde ich es zum Beispiel angenehm. Verschränkte Arme oder die Gebetshaltung eines Messdieners sind dagegen im roten Bereich. Das sieht teilnahmslos und steif aus. Dr. Fahrenkamp könnte während seiner Ansprache auch ein Sektglas in der Hand halten. Dann fasst er es am besten mit der einen Hand am Stiel und stützt es mit der anderen Hand am Boden.

Und jetzt – die Worte einfach fließen lassen. Es ist psychologisch erwiesen, dass jedes Publikum einem Redner grundsätzlich mit Wohlwollen begegnet. Schließlich hat nicht jeder den Mut, öffentlich zu sprechen. Wer das Wort ergreift, tut etwas Besonderes. Lassen Sie sich einfach von diesem Wohlwollen tragen.

12:00 Uhr

»Die Mama hat einen Unfall gebaut – cool!«

Gefasst bleiben, wenn Emotionen hochkochen

Terminstress vermeiden | Rücksicht im Straßenverkehr | Fahrrad und Auto | Deeskalation in kritischen Situationen | Schadensbegrenzung | Angriffe abwehren | Umgang mit Behinderten

»Diesmal hätten wir wirklich früher losfahren sollen«, sagt Felicitas Fahrenkamp zu Annette von Arnspitz, als sie im dichten Stadtverkehr vor der dritten Ampel in Folge anhalten muss. »Wir haben für die Vernissage noch eine Menge vorzubereiten. Und John Ruzzo ist schon vor zehn Minuten gelandet, wenn die Maschine aus San Francisco pünktlich war.«
»Es war aber auch richtig nett mit Konsul Magave«, entgegnet Annette von Arnspitz begeistert.
»Wir haben uns einfach festgequatscht«, meint Felicitas Fahrenkamp kopfschüttelnd. »Das hätte uns nicht passieren dürfen.«
In diesem Augenblick schlängelt sich ein Fahrradkurier zwischen den langsamer werdenden Autos hindurch und nutzt die Lücke, die Felicitas Fahrenkamp zu ihrem Vordermann gelassen hat. Da öffnet der Fahrer einer am Rand parkenden Mercedes-M-Klasse die Autotür. Der Fahrradfahrer kann gerade noch ausweichen.
»Pass doch auf, du Penner!«, dröhnt die Stimme des Fahrradkuriers durch das geöffnete Schiebedach. Er zeigt dem Mercedesfahrer den ausgestreckten Mittelfinger und schlängelt sich dann am nächsten Auto vorbei.
»Schade, nicht erwischt«, bemerkt Annette von Arnspitz trocken und lächelt dem Mercedesfahrer freundlich aufmunternd zu.
»Aber, Annette!«, meint Felicitas Fahrenkamp schmunzelnd.
»Mama, hast du das gesehen?«, ruft Felix von der Rückbank.
»Auf dem Fahrrad müsst ihr immer schön aufpassen«, sagt Felicitas Fahrenkamp, während sie die Kinder im Innenspiegel in den Blick nimmt. »Aber die Autofahrer müssen auch gucken. Die sollten genauso viel Rücksicht nehmen.«
»Mama, war das in dem großen Auto wirklich ein Penner?«, fragt Florian.

Stress, Hektik, permanenter Termindruck – um wie viel entspannter würden wir wohl alle miteinander umgehen, wenn wir nicht ständig unseren Zeitplänen hinterherliefen?

Stress, Hektik, Termindruck

Denn hat man es erst einmal eilig und ist genervt, dann kommt es fast zwangsläufig zu unangenehmen Begegnungen und Konflikten. Und wenn ich von Zeitdruck spreche, dann weiß ich, wovon ich rede. Die Zeit ist auch für mich das Hauptproblem. Mir geht es da genau wie Felicitas Fahrenkamp: Finde ich Menschen nett und unterhalte ich mich gut mit ihnen, dann verliere ich die Zeit schnell aus dem Blick.

Aber es nützt ja nichts – will man dem nächsten Menschen auch wieder mit Respekt begegnen, statt ihn im Eiltempo abzufertigen, dann muss man die Zeit im Auge behalten. Was ist gewonnen, wenn Sie einmal ein richtig nettes Gespräch führen und dafür anschließend fünfmal zu spät kommen und am Ende nur noch genervt sind? Respektvoll miteinander umzugehen beginnt damit, dass Sie sich einen realistischen Tagesplan machen, den Sie auch tatsächlich bewältigen können. *Wenn Sie schätzen, etwas innerhalb einer Stunde erledigen zu können, dann planen Sie lieber zwei Stunden dafür ein. Es hat sich als Faustformel bewährt, maximal 40 bis 50 Prozent des Arbeitstages fest zu verplanen.* Den Rest lassen Sie als Puffer für Verzögerungen, Verspätungen und Unvorhergesehenes. Ich weiß, Zeitplanung ist immer eine schwierige Gratwanderung. Aber wenn Sie sich zu sehr unter Druck setzen, spüren alle, dass Sie einfach nicht mehr entspannt sind. Konflikte sind dann vorprogrammiert.

Autofahrer, Fahrradfahrer

In unserer Geschichte hakt es prompt im Straßenverkehr. Ein Fahrradkurier und ein Geschäftsmann, beide unter Zeitdruck, geraten heftig aneinander. Es ist nichts passiert, aber die Emotionen kochen trotzdem hoch. Das Thema Autofahrer und Fahrradfahrer greife ich deshalb hier so gern auf, weil es ein Paradebeispiel für die Anforderungen an den respektvollen Umgang fremder Menschen miteinander im öffentlichen Raum ist. Es funktioniert einfach nicht, ohne dass jeder sich in die Lage des anderen versetzt und bereit ist, auch mal zurückzustecken.

Eigentlich ist die Sache ja genauso einfach, wie Felicitas Fahrenkamp es ihren Kindern erklärt: Der eine sitzt im Auto, der andere auf dem Fahrrad, und beide müssen aufpassen, genau hingucken und Rücksicht nehmen. Ich bin selbst 20 Jahre lang Fahrrad gefahren, bevor ich mit 28 mein erstes Auto hatte. Daher glaube ich, beide Perspektiven ganz gut zu kennen. Und was ich heute so auf den Straßen erlebe, finde ich oft erschreckend. Da wird abgedrängt und ausgebremst, geschimpft und gedroht, verflucht und verdammt. Autofahrer, Radfahrer und Fußgänger spalten sich in Fraktionen – jeder beharrt stur auf seinem Recht und solidarisiert sich stets mit seinesgleichen. Muss das sein?

Strassenverkehr

Zunächst einmal: Schimpfen und Drohen im Straßenverkehr ist in Filmkomödien aus den 1950er Jahren vielleicht noch amüsant, aber in der heutigen stressigen Zeit definitiv nicht mehr witzig. Wenn Sie überschüssige Energie loswerden wollen, treiben Sie am besten mehr Sport. Aber in der Öffentlichkeit sollte man sich beherrschen und keine aggressive Stimmung schüren, die allen das Leben schwerer macht.

Dann gibt es zwei einfache Regeln für ein gutes Miteinander zwischen Autofahrern und Radfahrern, wie überhaupt im Straßenverkehr. Die erste lautet: Wechsle ab und zu die Perspektive! Der Autofahrer sollte sich immer wieder mal überlegen, wie die Welt aus der Sicht des Radfahrers aussieht. So ist beispielsweise Bremsen bis zum Stillstand und wieder Anfahren für den Radfahrer viel mühsamer als für den Autofahrer, der dafür nur zwei Pedale antippen muss. Umgekehrt sollte sich der Radfahrer zum Beispiel dessen bewusst sein, dass er eine viel bessere Rundumsicht besitzt als der Autofahrer, und entsprechend nachsichtig sein. Wer als Autofahrer an einer belebten Kreuzung bei Dunkelheit und Regen rechts abbiegt, sieht einen von hinten nahenden Radfahrer einfach viel schlechter als dieser umgekehrt das Auto. *Die zweite Grundregel lautet: Suche keinerlei Vorteile!* Es geht im Straßenverkehr nicht um Vorteil oder Nachteil, Sieg oder Niederlage, recht oder unrecht haben. So werden Fahrlehrer und Verkehrsrichter ja beispielsweise auch nicht müde zu betonen, dass die Vorfahrt eine Regelung und kein Recht ist. Alle Verkehrsteilnehmer haben dasselbe Interesse: Sie wollen so angenehm und sicher wie möglich ans Ziel kommen. Dafür sind Spielregeln nötig.

Aber weil das Geschehen zu komplex ist, um alles abschließend regeln zu können, und weil Menschen unvollkommen sind und Fehler machen, sind zusätzlich Toleranz und Rücksicht nötig. Also: Fahren Sie die Ellenbogen ein, gehen Sie runter vom Gaspedal und lassen Sie einfach mal anderen den Vorrang. Aggression im Straßenverkehr ist überflüssig und gefährlich. Und sie ist wirklich schlechter Stil.

12:09 Uhr. Der Unfall

Endlich Grün! Schwungvoll schaltet Felicitas Fahrenkamp in den dritten Gang und wechselt auf die linke Fahrspur. Doch der vorausfahrende BMW 3er blinkt links und beginnt zu bremsen. Sofort wechselt Felicitas Fahrenkamp mit kurzem Antippen des Blinkers zurück auf die rechte Spur. Da sieht sie, wie ein weißer Mercedes-Lieferwagen vorwärts aus einer Parklücke rangiert, bis er halb auf der rechten Fahrspur steht. Felicitas Fahrenkamp bremst scharf, kommt aber wenige Zentimeter zu spät zum Stehen. Ein dumpfer Knall ist zu hören, Glassplitter fallen auf die Straße.

Felicitas Fahrenkamp dreht sich sofort zu ihren Kindern um.

»Mama, mein Nintendo ist runtergefallen!«, quengelt Florian.

»Die Mama hat einen Unfall gebaut – cool!«, meint Felix zu seinem Bruder.

»Kommt jetzt die Polizei und der Rettungswagen?«, will Florian wissen.

Inzwischen hat sich der Fahrer des weißen Sprinter, ein großer und sichtlich übergewichtiger Mann Anfang 40, vor der Motorhaube des Berlingo aufgebaut. »Bewegt sich die feine Dame bald mal raus?«, ruft er provozierend.

»Der Mann ist gefährlich«, sagt Annette von Arnspitz und drückt auf den Knopf für die Zentralverriegelung. »Ruf lieber die Polizei!«

Doch Felicitas Fahrenkamp steigt vorsichtig aus. »Das tut mir aber leid«, sagt sie zu dem Lieferwagenfahrer. »Ist Ihnen was passiert?«
»Ei, gucken Sie sich mal mein Auto an! Was meinen denn Sie, was mein Chef dazu sagen wird? Können Sie nicht aufpassen!«
»Das tut mir wirklich leid.«

Das tut mir leid«, sagt Felicitas Fahrenkamp zu dem Unfallgegner, der sich mächtig aufregt. Hätten Sie auch so reagiert? Ich finde, die Galeristin macht es genau richtig. Sie geht auf die emotionale Ebene. Der Unfall als objektiv zu bewertender Sachverhalt interessiert jetzt erst einmal nicht. Felicitas Fahrenkamp teilt dem anderen mit, wie sie sich fühlt. Sie drückt aus, dass sie die Situation bedauert. Weder rechtfertigt sie sich noch erkennt sie irgendeine Schuld an. Dadurch, dass sie sich, nicht auf das »Besserwisserspiel« einlässt, nimmt sie vielmehr dem anderen den Wind aus den Segeln. Mit der simplen emotionalen Reaktion macht sich Felicitas Fahrenkamp aber auch nicht kleiner, als sie ist. Sie agiert bloß geschickt.

In einer kritischen Konstellation wie dieser ist Deeskalation gefragt. Bloß keine Vorwürfe erheben und die Situation damit weiter verschärfen! Sondern versuchen, alles schnell wieder in ruhigere Bahnen zu lenken, damit jeder sich wieder wohl fühlen kann. Felicitas Fahrenkamp geht den nächsten Schritt der Deeskalation, indem sie den Lieferwagenfahrer nach seinem Wohlbefinden fragt: »Ist Ihnen was passiert?« Doch der Fahrer reagiert darauf nicht positiv, weil er ein anderes Grundmuster im Kopf hat. Es lautet: »Ich bin immer im Recht.« Dementsprechend glaubt er, sofort seine Position verteidigen zu müssen. Er will klarmachen, dass ihn keine Schuld trifft. Er regt sich lautstark auf und versucht, die Unfallgegnerin einzuschüchtern. Felicitas Fahrenkamp dagegen lässt die Schuldfrage einfach außen vor. Sie geht von der Annahme aus, dass man noch nicht weiß, wer Schuld hat. Das wird sich irgendwann aufklären, aber nicht jetzt. Eins nach dem anderen, lautet ihre Botschaft. Erst mal wieder locker werden.

Annette von Arnspitz wiederum zeigt eine weitere gängige Reaktion in heiklen Situationen. Sie verhält sich total passiv. Damit signalisiert sie den anderen: »Ich habe mit der ganzen Sache nichts zu tun.« Aber eine solche Abwehrhaltung löst keinen Konflikt. Wenn es kritisch wird, muss man aktiv werden. Vielleicht ist es Annette von Arnspitz ja gewohnt, dass andere, beispielsweise ihr Vater, immer alles für sie regeln. Dadurch ist sie schnell überfordert, wenn es auf Besonnenheit ankommt. In dieses Bild passt, dass sie gleich nach einer höheren Instanz ruft, die die Sache regeln soll. Aber es wäre vollkommen übertrieben, wegen eines zerbrochenen Blinkerglases die Polizei zu rufen.

12:14 Uhr. Schadensbegrenzung

»Zeigen Sie mir doch mal, was an Ihrem Fahrzeug passiert ist«, sagt Felicitas Fahrenkamp in ruhigem Ton zu dem Lieferwagenfahrer. Dieser lässt sich nicht zweimal bitten.

»Sehen Sie sich das mal an!«, sagt der Fahrer und zeigt auf ein zerbrochenes Blinkerglas und eine leicht eingedrückte Kunststoffverkleidung.

»Na, das lässt sich doch für unter 200 Euro wieder in Ordnung bringen«, meint Felicitas Fahrenkamp nach einem interessiert prüfenden Blick. »Geben Sie mir einfach mal Ihren Namen und die Adresse Ihrer Firma. Wir regeln das dann am Montag.«

»Kleinen Moment«, sagt der Fahrer in normaler Tonlage. »Ich hab einen Flyer von uns im Auto, den gebe ich Ihnen mit.«

Inzwischen ist auch Annette von Arnspitz ausgestiegen und sammelt Glassplitter von der Straße auf, als wollte sie Beweise sichern. »Lass den nicht so einfach davonkommen!«, fordert sie Felicitas Fahrenkamp auf.

Als diese sich zu ihrer Praktikantin umdreht, sieht sie auf dem Bürgersteig einen Rollstuhlfahrer stehen. Er hat die Hände in den Schoß gelegt und beobachtet geduldig den parkenden Golf, neben dem der Berlingo der Galeristin zum Stehen gekommen ist.

»Kann ich Ihnen helfen?«, fragt ihn Felicitas Fahrenkamp freundlich. »Kommen Sie in Ihr Auto?«

Was passiert ist, das ist passiert. Da es sich nun nicht mehr ändern lässt, kommt es darauf an, den Schaden zu begrenzen. Mit kühlem Kopf sucht Felicitas Fahrenkamp nach einer pragmatischen Lösung. Die Emotionen bleiben weiter unter Kontrolle, bis sich schließlich auch der Lieferwagenfahrer beruhigt. Es bringt einfach nichts, sich aufzuregen. Felicitas Fahrenkamp übernimmt Verantwortung und macht Vorschläge, wie man vorgehen könnte. Sie demonstriert, dass ihr der Schaden des anderen nicht egal ist. Aber gleichzeitig rückt sie auch die Maßstäbe zurecht. Die Sache ist nun einmal eine Bagatelle. Trotzdem widersteht Felicitas Fahrenkamp der Versuchung, einfach den Geldbeutel aufzumachen und den Schaden zu begleichen, um ihre Ruhe zu haben. Denn das sähe nach Vertuschung, ja nach Bestechung aus.

Annette von Arnspitz ist mit der unkomplizierten Lösung absolut nicht zufrieden. Sie befindet sich in einem Wertekonflikt. Bestimmt ist auch sie dafür dankbar, dass die Wogen sich geglättet haben und sie ohne Angst aussteigen kann. Aber ihr Gerechtigkeitsempfinden ist gestört. Ihr Denkmuster lautet: »Der Mann ist schuld und soll dafür büßen.« Sie möchte ein Exempel statuieren und ärgert sich darüber, dass der Unfallgegner so einfach davonkommen soll. Dass Felicitas Fahrenkamp durch ihren abrupten Spurwechsel eine Mitschuld an dem Unfall haben könnte, kommt ihr gar nicht in den Sinn.

Gerechtigkeit

Natürlich ist Gerechtigkeit ein hoher Wert. Sie zählte in der antik-mittelalterlichen Philosophie zu den vier »Kardinaltugenden«, also den wichtigsten menschlichen Grundhaltungen überhaupt. Aber es wäre trotzdem sinnlos, in jeder Alltagssituation für Gerechtigkeit kämpfen zu wollen. Thomas von Aquin ordnet der Gerechtigkeit die »Liberalität«, also die Fähigkeit, fünf gerade sein zu lassen, als notwendig ergänzende »Sekundärtugend« zu. Daraus spricht Lebensweisheit. *Es gibt Situationen, die sind einfach ungerecht. Bestimmte Dinge muss man so hinnehmen können, wie sie sind. Vollkommene Gerechtigkeit durchsetzen zu wollen wäre am Ende nicht mehr menschlich.* Gerechtigkeitsfanatikern geht es meist auch gar nicht um die Gerechtigkeit als solche, sondern um ihre eigene Vorstellung von Gerechtigkeit. Womit wir wieder beim leidigen Thema Besserwisserei und Rechthaberei wären.

Annette von Arnspitz hat eine bestimmte, subjektive Wahrnehmung der Situation und möchte die Genugtuung haben, dass der in ihrem Sinne Schuldige verurteilt wird. Hinter solchen Forderungen steckt oft aufgestauter Frust. Aus Gründen, die mit dem Unfall überhaupt nichts zu tun haben, hat Annette von Arnspitz Wut im Bauch. An dem Lieferwagenfahrer meint sie nun diese Wut ohne moralische Skrupel auslassen zu können. Denn der hat es ja verdient, glaubt sie. Ein Irrtum. Annette von Arnspitz sollte besser einmal in sich gehen und überlegen, was sich da aufgestaut hat.

Felicitas Fahrenkamp hat inzwischen bemerkt, dass ein Rollstuhlfahrer ein viel praktischeres Problem hat als ihre Praktikantin. Er kommt nicht in sein Auto, weil die Unfallwagen ihm den Weg versperren. Es beweist Felicitas Fahrenkamps Umsichtigkeit, dies überhaupt wahrzunehmen. Wer gerade einen Konflikt zu lösen hat, sieht sich schnell als den Mittelpunkt der Welt. Doch das Leben nimmt darauf wenig Rücksicht. Und so kann es sein, dass gerade jetzt ein anderer mehr Aufmerksamkeit beanspruchen kann.

Wie sieht die Situation aus der Sicht des Rollstuhlfahrers aus? Er sieht, dass Leute ihm den Weg versperren. Aber er sieht auch, dass sie gerade sehr intensiv mit sich selbst beschäftigt sind. Verständlicherweise weiß er nicht so recht, wie er auf sich aufmerksam machen soll. Und so wartet er erst einmal ab. Felicitas Fahrenkamp schätzt die Lage richtig ein, dass sie hier aktiv werden sollte. Ein so leichter Unfall gibt niemandem das Recht, beliebig lange den Weg zu versperren.

Natürlich ist es besonders unangenehm, ausgerechnet einem Menschen mit Handicap den Weg zu blockieren. Aber es ist auch kein Grund, jetzt ein großes Theater zu machen. Äußerungen wie »Sie Ärmster! Um Himmels willen! Ich mache sofort Platz!« wären in ihrer übertriebenen und unglaubwürdigen Besorgnis bloß herablassend für den Rollstuhlfahrer.

Felicitas Fahrenkamp verhält sich deshalb so, wie es gegenüber Menschen mit Handicap ratsam ist: Sie nimmt Blickkontakt auf, spricht den anderen freundlich an und macht ohne Pathos ein konkretes Hilfsangebot. Dieses sollte immer so formuliert sein, dass der Behinderte es ebenso gut auch ablehnen kann. Und wenn jemand Hilfe ablehnt, weil er selbst zurechtkommt, ist das doch wunderbar. Jedenfalls ist es kein Grund für denjenigen, der helfen wollte, eingeschnappt zu sein.

Behinderte und Nichtbehinderte

Im Verhältnis zwischen Behinderten und Nichtbehinderten erleben wir gerade einen größeren sozialen Wandel. Menschen mit Handicap wollen heute nicht mehr wie hilflose Kinder behandelt werden. Aus diesem Grund hat sich beispielsweise die »Aktion Sorgenkind« in »Aktion Mensch« umbenannt. Behinderte können zu Recht erwarten, dass man ihnen auf Augenhöhe begegnet und sie als vollwertige Erwachsene behandelt. *Gehen Sie respektvoll mit Behinderten um, achten Sie genau auf die Körpersprache, und bieten Sie von sich aus Hilfe an, wenn Sie sehen, dass jemand bei etwas Mühe hat.* Übrigens haben auch Behinderte das Recht, schlechte Laune zu haben oder Ihnen unsympathisch zu sein. Das hat nichts mit Undankbarkeit gegenüber Ihrer Hilfsbereitschaft zu tun. Es ist bloß Normalität.

13:00 Uhr

»Bitte, Herr Leidwitz,
suchen Sie doch den Wein aus.«

Gehobene Tischkultur pflegen

An der Garderobe | Wer sitzt wo? | Die Bestellung | Besteck, Serviette, Gläser und Aschenbecher | Tischgespräche | Dessert und Kaffee | Die Rechnung

»Hier ist das Cochon Enchanté«, sagt Dr. Fahrenkamp zu Friedhelm Leidwitz, dem Deutschlandchef eines amerikanischen Pharmariesen, den er beim Geburtstagsempfang von Winfried Vollmar getroffen hat. »Ein Glück, dass wir so spontan noch einen Tisch bekommen haben.«
Die weiße, klassizistische Villa mit großem Garten liegt in einer ruhigen Seitenstraße von Wiesbaden. Nur ein dezentes, schmiedeeisernes Schild am Eingang zum Grundstück deutet auf das Restaurant im Erdgeschoss hin.
»Der Einladung in Ihr Lieblingsrestaurant hätte ich natürlich kaum widerstehen können, Dr. Fahrenkamp«, entgegnet Leidwitz.
»Zumal es für Sie auf dem Rückweg nach Frankfurt liegt«, wirft Dr. Fahrenkamp launig ein.
»Glauben Sie aber nicht, dass Sie nach dem Dessert einen dicken Scheck von Gettys Medical bekommen«, bemerkt Leidwitz sarkastisch. »So interessant sich das alles auch anhört mit der Afrikaklinik, von der Sie die ganze Zeit erzählen.«
»Da ist ja schon unser Herr Liebermann mit Ihrer Marketingleiterin – Frau Sönne, richtig?«, sagt Dr. Fahrenkamp freudig.
»Eigentlich wollte ich die Sönne ja nur am Bahnhof aufgabeln«, grummelt der etwas korpulente Endfünfziger Leidwitz. »Jetzt kriegt sie halt auch was zu essen.«
Nachdem sich alle miteinander bekannt gemacht haben, steigt Dr. Fahrenkamp die wenigen Granitstufen zur Tür hinauf, hält sie seinen Gästen auf und bittet sie mit einem Kopfnicken herein. Dann steuert er gleich links auf die Garderobe zu, hilft Herrn Leidwitz aus dem Mantel, hängt den regennassen Trenchcoat auf einen Kleiderbügel und dann seine eigene leichte Regenjacke gleich daneben.
»Tja, kurz, aber heftig sind die Frühlingsschauer«, sagt derweil Verwaltungsleiter Liebermann etwas verkrampft zu Frau Sönne, während er in seinem nassen Mantel wie angewurzelt an der Tür stehen bleibt. Da wendet Dr. Fahrenkamp sich um und kommt zwei Schritte auf die beiden zu.

»Darf ich Ihnen aus der nassen Jacke helfen?«, fragt er Frau Sönne.
Liebermann fährt dazwischen: »Wo bleibt denn der Ober? Müssen wir hier alles selber machen?«
»Gern. Vielen Dank«, sagt Frau Sönne lächelnd zu Dr. Fahrenkamp, der schließlich mit ihrer Jacke zur Garderobe geht.
»Schönen guten Tag, Herr Doktor Fahrenkamp. Guten Tag, die Herrschaften«, begrüßt schließlich ein gut gelaunter Oberkellner die mittäglichen Gäste. Liebermann zieht noch schnell seinen Mantel aus und hängt ihn mit der Kragenschlaufe an einen Garderobenhaken. Dann folgt er den anderen zum gedeckten Tisch.

Gastfreundschaft

Gastfreundschaft gehört nicht nur in unserer Kultur zu den wichtigsten Werten. Überall auf der Welt drücken Menschen Hochachtung dadurch aus, dass sie dem Gast ihr Haus öffnen, für sein Wohlbefinden sorgen und ihm ihre Aufmerksamkeit schenken. Diese Form der Wertschätzung ist bei uns auch fester Bestandteil des Berufslebens. Für die Beteiligten ergibt sich im beruflichen Zusammenhang aber ein Spannungsbogen, innerhalb dessen sie die richtige Balance finden müssen.

Einerseits ist es etwas sehr Persönliches, dem Sprichwort getreu sein Brot mit jemandem zu teilen. Man befriedigt gemeinsam das menschliche Grundbedürfnis nach Essen und Trinken und empfindet dabei Genuss. Andererseits bleibt der formale Rahmen des beruflichen Zusammentreffens gewahrt. Die Teilnehmer an dem Essen behalten ihre Ziele, Interessen – und natürlich auch Interessengegensätze – im Blick.

Businesslunch

Das Essen, zu dem Dr. Fahrenkamp den Topmanager Friedhelm Leidwitz einlädt, ist weder ein klassischer Businesslunch noch eine rein private Einladung. Dr. Fahrenkamp lädt auf eigene Kosten – nicht im Namen seiner Klinik – ein, weil er Leidwitz Geld für sein Klinikprojekt entlocken möchte. Das wiederum betreibt er zwar aus privater Initiative, aber durchaus mit professionellem Ernst.

Ein solches Essen in einem anspruchsvollen Rahmen gelingt Ihnen immer dann, wenn Sie mit Leichtigkeit die richtige Mitte zwischen menschlicher Nähe und »förmlicher« Distanz treffen. Ein paar Konventionen sollten Sie dazu vielleicht kennen. Das Wichtigste sind aber auch hier Ihr Fingerspitzengefühl und eine aufmerksame Beobachtung der Situation: Was geschieht gerade? Und wie können Sie dem anderen zeigen, dass er Ihnen wichtig ist und Sie ihn achten?

Dr. Fahrenkamp hat sich für sein Lieblingsrestaurant entschieden. Und die Fahrenkamps verstehen nun mal zu leben. In puncto Küche und Service werden hier gehobene Ansprüche befriedigt und dafür entsprechende Preise verlangt. Diese Wahl ist angemessen, weil es um eine größere Spendensumme geht und ein vielbeschäftigter Manager sich für das Essen mit dem Chefarzt spontan Zeit genommen hat.

Dr. Fahrenkamp hat sich bei der Wahl des Lokals auch von seinem Gespür leiten lassen, in welcher Umgebung sich sein Gast üblicherweise bewegt und wie wichtig es ihm mutmaßlich ist, Status symbolisch auszudrücken. Frau Reine zum Beispiel, die er täglich sieht, lange kennt und mit der ihn mehr Persönliches verbindet, lädt Dr. Fahrenkamp vielleicht auch einmal in einen gemütlichen Landgasthof ein. Nicht allein seine persönlichen Vorlieben geben den Ausschlag, sondern die Situation und die Eigenart der Gäste.

Und eines ist ganz wichtig: Dr. Fahrenkamp ist hier der Gastgeber und bleibt es auch, nachdem alle das Lokal betreten haben. Dass jemand anderes das Restaurant betreibt und ein Serviceteam bestimmte Aufgaben übernimmt, ändert nichts an seiner Gastgeberrolle mit allen ihren Pflichten. Dr. Fahrenkamp bleibt also aktiv und vorausschauend. Nicht die Restaurantleitung oder das Personal, sondern er hat die Verantwortung für das gelingende Essen und behält die Fäden in der Hand.

Entsprechend seiner Gastgeberrolle kümmert sich Dr. Fahrenkamp zunächst um die Garderobe seiner Gäste. Da Frau

Sönne die Marketingleiterin bei Vorstandschef Leidwitz ist, muss sie ihrem Chef den Vorrang lassen. Da hält sich der Gastgeber mal ganz korrekt an die Businessetikette. Als Nächstes hängt Dr. Fahrenkamp seine eigene Regenjacke auf, denn er erwartet von Liebermann, dass er sich um die Garderobe von Frau Sönne kümmert.

Dieser wartet jedoch stur auf den Ober, weil er meint, es sei dessen Aufgabe, den Gästen die Mäntel abzunehmen. Da scheint Liebermann den Ober allerdings mit einem Kammerdiener aus dem 18. Jahrhundert zu verwechseln. In der Mainzer Kinderklinik ist es ja auch nicht die Aufgabe der Schreibkräfte, Kaffee für die Ärzte zu kochen. Dafür gibt es ein hausinternes Catering. Respekt drückt sich eben auch dadurch aus, dass man einen Fremden immer nur für die Leistung in Anspruch nimmt, die seiner beruflichen Rolle entspricht.

Deshalb kümmert sich Dr. Fahrenkamp selbst um die Garderobe seiner Gäste und benutzt dafür die Kleiderbügel. Einen Mantel an einen Haken hängen, wie Liebermann es mit seinem tut, würde er nur im Notfall. Denn durch das Gewicht des Mantels kann sich der Kragen unschön verformen. Liebermann scheint indessen erwartet zu haben, dass das Servicepersonal auf die Gäste zugestürmt kommt, sobald sie das Lokal betreten haben. Ganz wie im Film, wenn ein Superstar die Szene betritt. Dr. Fahrenkamp bleibt dagegen entspannt, weil er weiß, dass der Ober nicht ununterbrochen die Eingangstür beobachten kann. Nach zwei oder drei Minuten hätte er sich dann auf die Suche nach ihm gemacht, um ihn nach dem reservierten Tisch zu fragen. Aber da kommt er schon.

13:04 Uhr. Die Wahl der Speisen und Getränke

Der Ober führt die Gäste zu einem für vier Personen gedeckten, runden Tisch an einer Fensterfront zum Garten. Freundlich fragt er, ob der Tisch recht sei. Dr. Fahrenkamp nickt und bedankt sich.

»Wo möchten Sie denn gern sitzen?«, fragt Dr. Fahrenkamp den Manager.
Friedhelm Leidwitz entscheidet sich für den Platz mit Aussicht in den Garten. Daraufhin stellt sich Dr. Fahrenkamp an die Stuhllehne des Platzes gegenüber und fragt Regine Sönne, ob sie vielleicht rechts davon Platz nehmen möchte, was sie prompt tut. Nun schaut Dr. Fahrenkamp noch freundlich zu seinem Klinikverwalter, weist mit der offenen Handfläche auf den Platz links von sich und nimmt schließlich als Letzter seinen Platz ein. Mit einem Streichholz zündet eine junge Servicekraft dann die Kerze in der Mitte des Tisches an, während Leidwitz den gedeckten Tisch misstrauisch beäugt.
»Sie, Fräulein«, raunzt Leidwitz die Serviererin so plötzlich an, dass ihr fast das brennende Streichholz auf den Tisch fällt. »Ich habe eine Aufgabe für Sie: Zählen Sie mal die Köpfe und die Brotteller. Na, fällt Ihnen da was auf?«
»Das ist doch gar nicht schlimm«, sagt Dr. Fahrenkamp zu der Servicekraft und schenkt ihr ein aufmunterndes Lächeln. »Ich vergesse auch ständig irgendwelche Sachen. Bringen Sie der Dame doch bitte noch einen Brotteller.«
In diesem Moment reicht der Ober den Gästen die Speisekarte.
»Ich schlage drei Gänge vor«, sagt Dr. Fahrenkamp nach einem kurzen Blick auf die Karte. »Als Vorspeise könnte ich mir den Antipastiteller oder die Riesengarnelen mit Tomatenmousse vorstellen. Was halten Sie von einem Filet Wellington als Hauptgang? Oder dem Seeteufel? Es gibt auch eine vegetarische Roulade, wie ich sehe. Als Dessert wäre das Zimtparfait eine Möglichkeit.«
»Klopse sind ja mein Leibgericht«, gesteht Liebermann in dem Moment Leidwitz. »Die müssen Sie unbedingt probieren.«
»Haben Sie gewählt?«, fragt der Ober nach einigen Minuten.
»Was möchten Sie gern essen?«, fragt Dr. Fahrenkamp zunächst Leidwitz. Dieser bestellt beim Ober Garnelen, Wellington und Parfait. Liebermann blickt erstaunt zunächst Dr. Fahrenkamp, dann Frau Sönne an. Letztere hat als Zweite die Wahl, hält es gern vegetarisch und möchte keinesfalls ein süßes Dessert. Lie-

bermann schwenkt nun doch auf Wellington um, als Dr. Fahrenkamp ihn nach seinen Wünschen fragt. Der Gastgeber bestellt zum Schluss spontan das Gleiche wie Leidwitz.
»Ich hoffe ja mal, hier gibt es einen trinkbaren Tropfen«, sagt Leidwitz zu Dr. Fahrenkamp, als sich der Sommelier dem Tisch nähert. »Wissen Sie, Dr. Fahrenkamp«, fährt er mit seiner kehligen Stimme fort, »unser Aufsichtsratschef Dr. Brömmer sagt immer zu mir: ›Leidwitz, bei zwei Dingen höre ich auf keinen Menschen außer auf Sie – wenn es um unser Geld geht und wenn es um den Wein geht.‹«
Der Weinkellner reicht Dr. Fahrenkamp die Weinkarte. Und dieser gibt sie gleich weiter, ohne selbst hineinzuschauen.
»Bitte, Herr Leidwitz, suchen Sie doch den Wein aus. Sie machen das bestimmt viel besser als ich«, sagt Dr. Fahrenkamp mit einem freundlichen Lächeln.
Als Leidwitz mit gekonntem französischem Zungenschlag zu jedem Gang eine Flasche Wein bestellt hat, meldet Frau Sönne zögernd an, dass sie keinen Alkohol trinken möchte.
»Ein halbes Gläschen schadet doch nicht!«, wirft Liebermann ein.
Dr. Fahrenkamp schlägt Frau Sönne daraufhin weißen und roten Traubensaft vor. Der Sommelier bedankt sich für die Bestellung und macht sich auf den Weg in den Weinkeller.

Dr. Fahrenkamp lässt dem ranghöchsten Gast die freie Platzwahl am reservierten Tisch. Nun sollten Sie vielleicht wissen, dass es Plätze gibt, die im Allgemeinen als jeweils besser oder schlechter gelten. So möchten wohl die meisten am liebsten mit dem Rücken zur Wand und mit Sicht in den Raum sitzen. Dann hat man das Geschehen im Blick und hinterrücks keine bösen Überraschungen zu erwarten. Wenn Leidwitz aber lieber die Aussicht in den Garten genießen möchte und dafür dann mit dem Rücken zum Gastraum sitzt, warum nicht? Als der Ehrengast seine Wahl getroffen hat, legt Gastgeber Dr. Fahrenkamp die weitere Sitzordnung fest.

Sitzordnung

Und an der Stelle könnten sich Kenner der Materie fragen, ob er denn die Etiketteregeln nicht kennt. Was ist denn das für eine Sitzordnung? Der Ehrenplatz ist doch immer rechts vom Gastgeber! Und je weiter die Entfernung zum Gastgeber, desto geringer der gesellschaftliche Rang. Warum setzt sich Dr. Fahrenkamp dann seinem Gast gegenüber?

Natürlich kennt Chefarzt Dr. Fahrenkamp die traditionelle Sitzordnung. Aber ist sie hier sinnvoll? Wie kann sich Dr. Fahrenkamp denn mit seinem potenziellen Sponsor am intensivsten unterhalten, am besten auf dessen körpersprachliche Signale eingehen und ihm die meiste Aufmerksamkeit schenken? Doch nicht, wenn er neben ihm sitzt, sondern wenn er ihm gegenübersitzt. Dr. Fahrenkamp setzt sich so, weil er dem anderen Menschen gerecht werden will und nicht der Etikette. Die mag beim Galadiner am Abend ja durchaus noch ihre Berechtigung haben, erscheint ihm aber jetzt völlig unpassend.

Tischkultur

Keine Frage, Tischkultur zählt zur Hochkultur der Umgangsformen. Doch auch hier zeigen sich Umgangsformen im Gegensatz zur bloßen Etikette eben darin, dass man die Spielregeln kennt, aber nicht pedantisch darauf beharrt. Die beiden übrigen Plätze besetzt Dr. Fahrenkamp durchaus korrekt: Die »externe« Dame auf den Platz rechts vom Gastgeber, seinen »internen« Arbeitskollegen links von ihm. Zu einer heiklen Situation kommt es, als Leidwitz eine Servicekraft anschnauzt. Das harmonische Zusammenspiel zwischen Gästen und Service wird hier vehement gestört. Außerdem macht ein eingeschüchterter Service schnell noch weitere Fehler oder übt vielleicht sogar »Rache« durch bewusste Nachlässigkeiten. Dr. Fahrenkamp erkennt es sofort als seine Aufgabe, das Gleichgewicht wiederherzustellen. Vor den Augen des Ehrengastes schlägt er sich auf die Seite des Personals. Das ist mutig und klug. Denn so wirkt er deeskalierend und rettet die Situation.

Das Personal im Restaurant besteht nun mal nicht aus

Lakaien. Die Servicekraft macht ihren Job genauso professionell wie der Topmanager seinen. Beide kennen ihr Metier und beiden unterlaufen auch mal Fehler. Schon aus dieser Einsicht heraus sollte man sich auf Augenhöhe begegnen. *Ein Restaurantbesuch kann nur gelingen, wenn alle harmonisch zusammenwirken – fast wie ein Orchester, das musiziert.* Kommen Misstöne auf, gerät die »Aufführung« aus der Balance.

Höfliche Anrede

Übrigens wird »Fräulein« heute mehrheitlich nicht mehr als höfliche Anrede für eine weibliche Servicekraft empfunden. Was aber hätte Leidwitz stattdessen sagen sollen? »Hallo, Sie da« klingt ebenso wenig charmant wie seine übrige Äußerung. Beim Kellner ist es leichter, den können Sie immer mit »Herr Ober« ansprechen. Die Expertin für Umgangsformen Gisela Tautz-Wiessner, lange Jahre beim Protokoll des Berliner Senats tätig, schlägt deshalb einfach »Frau Ober« vor. Dieser Empfehlung schließe ich mich an, zumal auch die Gastronomie diesen Gleichberechtigung signalisierenden Vorschlag begrüßt hat.

Rahmen des Essens

Indem Dr. Fahrenkamp die Zahl der Gänge vorschlägt, steckt er als Gastgeber den Rahmen des Essens ab – auch in finanzieller Hinsicht. Mittags möchten die meisten weniger essen als abends, da sind drei Gänge üppig. Seinem Anliegen entsprechend gibt sich Dr. Fahrenkamp also großzügig, beachtet aber gleichzeitig Grenzen. Als Gastgeber schlägt er den Gästen auch einige Gerichte vor und achtet dabei darauf, dass sie jeweils zu den teuersten auf der Karte zählen. So signalisiert er geschickt, dass alle wirklich die freie Auswahl haben. Und davon dürfen die Gäste auch Gebrauch machen. Die Großzügigkeit des Gastgebers mit demonstrativer Bescheidenheit zu quittieren, könnte ihn sogar kränken.

Nicht zu beneiden wären die Gäste, wenn sie Liebermann als Gastgeber hätten. Er versucht nicht nur, ihnen seinen Geschmack aufzudrängen, sondern kürt auch noch das billigste Gericht auf der Karte zu seinem Favoriten. Wer fühlt sich da noch ermutigt, etwas Teureres zu bestellen? Trägt jemand bei Tisch seine Bescheidenheit zur Schau, entsteht ganz gewiss keine Atmosphäre der Gastfreundschaft und Großzügigkeit.

Draußen essen: kleine Geschichte des Restaurants

Restaurants, wie wir sie heute kennen, gibt es seit Ende des 18. Jahrhunderts. Bis dahin beschränkte sich die Gastronomie auf Gasthöfe, Poststationen und Hotels, in denen Reisende essen konnten, sowie auf Schänken und Gasthäuser, in denen mehr getrunken und gefeiert als gepflegt gegessen wurde.

Natürlich ist das Restaurant eine französische Erfindung! Das französische Wort »restaurant« ist dabei eigentlich ein Adjektiv mit der Bedeutung »stärkend, kräftigend«. Als stärkend betrachtete man vor 200 Jahren kräftige Fleischbrühen oder Eiermilch, die genesenden oder erschöpften Menschen wieder zu Kräften verhelfen sollten.

Im Jahr 1765 warb ein Pariser namens Armand Boulanger, der fertige Suppen über die Straße verkaufte, an seinem »Bouillon« genannten Ausschank mit dem Spruch: »Boulanger schenkt göttliche *restaurants* aus.«

Der erste Restaurateur im heutigen Sinn war der Pariser Antoine Beauvilliers: Er bekochte und beriet seine Gäste, die er dank seines guten Gedächtnisses mit Namen und Gewohnheiten kannte, empfahl den passenden Wein und plauderte am Tisch.

Die Kochkunst ist so sehr französisch geprägt, dass sie bis heute viele französische Ausdrücke kennt – obwohl sie eigentlich aus Florenz kommt. Denn dort waren die traditionellen, meist ländlich einfachen Gerichte am Hofe der Fürsten Medici während der Renaissance auf eine möglichst beeindruckende Wirkung stilisiert worden. Man wollte auch beim Essen zeigen, was man hatte.

Nachdem Katharina von Medici und deren Großnichte Maria französische Könige geheiratet hatten, führten sie auch in ihrer neuen Heimat die Verfeinerung der Gerichte ein.

Statt der gewohnten einfachen Kost mussten fortan immer pompösere Tafelkunstwerke serviert werden. Diese Sitte wurde am Hofe des »Sonnenkönigs« Ludwig XIV. vollends zum Programm. Französische Kunst und Kultur sollten auch bei Tisch mit allem Raffinement der freien Natur und dem einfachen Leben überlegen sein.
Das aufsteigende Bürgertum hat dann im 19. Jahrhundert auch hier den Adel nachgeahmt. Diese höfischen Allüren führten später, als in den bürgerlichen Restaurants immer aufwendiger gekocht wurde, zur »Grande Cuisine« oder auch »Haute Cuisine«. Beides bedeutet »Große Küche«.
Sie blühte vor allem in den Restaurants der Grandhotels und war bis in die zweite Hälfte des 20. Jahrhunderts luxuriös, mehr oder weniger wohlschmeckend – aber keineswegs gesund, sondern fett und kalorienreich. Auch wegen der verwendeten Luxusprodukte war sie ein Vergnügen für Reiche.
Zunächst prägte die Haute Cuisine der Franzose Auguste Escoffier, dessen Stil und Rezepte überall exakt nachempfunden wurden, dann sein Landsmann Fernand Point, bei dem etwa die Hälfte der heute berühmtesten französischen Köche lernte. Points berühmtes Credo lautete »Butter und Sahne« als A und O des Wohlgeschmacks.
Ende des 20. Jahrhunderts verabschiedete sich die »Nouvelle Cuisine«, die »Neue Küche«, von Butterfass und Sahnetopf und schuf einen leichten, natürlichen Stil mit gleichwohl besten und vor allem möglichst frischen Zutaten.

(Text angelehnt an: Heiner Finkbeiner, Der perfekte Gast im Restaurant. Augustus Verlag, 1997)

Bestellvorgang

Dr. Fahrenkamp koordiniert zwar den Bestellvorgang, lässt seine Gäste aber selbst beim Ober bestellen. Nicht weil sein Kurzzeitgedächtnis zu schwach wäre, um sich die Wünsche der anderen zu merken, sondern weil er seine Gäste wie Erwachsene behandelt, die ihre Wahl selbstständig vortragen können. Er selbst bestellt zum Schluss, nimmt sich also gegenüber seinen Gästen zurück und will sie in ihrer Wahlfreiheit nicht einmal indirekt beeinflussen.

Frau Sönne lehnt ein süßes Dessert kategorisch ab, und das nicht aus gesundheitlichen Gründen, die sie selbstverständlich entschuldigen würden. So ist es etwas heikel. Denn die anderen könnten sich erstens als maßlos hingestellt fühlen und müssen zweitens ihr Dessert allein essen – eine reichlich ungesellige Angelegenheit. Dr. Fahrenkamp respektiert aber auch hier die Freiheit seiner Gäste, äußert keine Kritik und versucht auch nicht, Frau Sönne umzustimmen.

Weinkeller

Leidwitz stellt sich als echter Weinkenner dar und ist offensichtlich besonders stolz darauf. Zumal es sich bei dieser Kennerschaft in seinen Kreisen um ein immaterielles Statussymbol handelt. Gastgeber Dr. Fahrenkamp reagiert souverän und lässt seinen Ehrengast gern der Experte sein. Vielleicht versteht Leidwitz wirklich mehr von Wein als der Chefarzt. Auf das Männerritual des Kräftemessens lässt sich Dr. Fahrenkamp nicht ein. Er fragt dann auch gar nicht erst den Sommelier nach einer Weinempfehlung, sondern vertraut dem selbsternannten Weinexperten. Das ist souverän.

Alkohol

Es ist das gute Recht von Frau Sönne, keinen Alkohol trinken zu wollen, selbst wenn es alle anderen tun. Wer meint, andere zum Alkoholtrinken drängen zu dürfen, zeigt wenig Achtung vor deren Selbstbestimmung. Denn Alkohol wirkt bei jedem Menschen anders. Und jeder sollte für sich entscheiden, ob und in welchem Maß er diese Wirkung will. Dr. Fahrenkamp schlägt Frau Sönne roten und weißen Traubensaft als Ersatz für Rotwein und Weißwein vor.

Dabei geht es ihm vor allem um die Harmonie des Gesamtbildes. Im Gegensatz zu Wasser kann Traubensaft gut in die Weingläser gefüllt werden. Selbst in guten Restaurants werden dem »Wassertrinker« oft die Weingläser abgeräumt. Das sieht dann ärmlich aus und wirkt wie eine Zurücksetzung. Die Balance zwischen den Gästen ist im Ungleichgewicht, und es scheint, als erfahre einer der Gäste weniger Wertschätzung als die anderen. Wird Frau Sönne dagegen roter Traubensaft in ihr Rotweinglas eingeschenkt, bleibt das Bild stimmig, und sie kann beim Hauptgang genauso stilvoll ihr Glas erheben wie die Weintrinker.

13:11 Uhr. Ins Gespräch kommen

Ober und Sommelier sind in Küche und Keller verschwunden. Am Tisch kehrt zum ersten Mal Ruhe ein.
Liebermann spielt ein wenig mit seiner Vorspeisengabel. Dann entdeckt er den Brotkorb. Er nimmt eine Scheibe Brot und bestreicht sie mit Butter. Als er bemerkt, dass Frau Sönne ihn dabei beobachtet, blickt er sie vielsagend an.
»Tja ...«, sagt Liebermann zu Frau Sönne, zieht die Augenbrauen hoch und schweigt wieder.
Währenddessen wendet sich Dr. Fahrenkamp seinem Gast Leidwitz zu.
»Waren Sie dieses Jahr schon im Urlaub, Herr Leidwitz?«, fragt er ihn.
»Oh ja«, erwidert Leidwitz gelöst. »Wir waren in Schottland zum Golfspielen. Traumhafte Plätze, sage ich Ihnen.«
»Meine Frau und ich waren im Januar in Neuseeland. Die Landschaft hat uns total beeindruckt«, entgegnet Dr. Fahrenkamp. »Aber sagen Sie, wie lange spielen Sie denn schon Golf? Ich spiele seit fünf Jahren.«
Als die Vorspeise naht, plaudern Dr. Fahrenkamp und Leidwitz angeregt über das Thema Golf.

Liebermann ist sichtlich verlegen. Eben noch hatte in der Klinik jeder seine Rolle und seinen genau abgezirkelten Aufgabenbereich. Jetzt sitzen alle am Tisch und warten auf das Essen. Vielleicht wäre ja mal ein privates Thema angebracht, mag er denken. Doch es fällt ihm nichts Passendes ein. Er ist angespannt und hat Angst, etwas Falsches zu sagen. Deshalb bringt er überhaupt keinen Satz heraus.

Dr. Fahrenkamp dagegen zeigt sich einfach interessiert an seinem Gegenüber. Er lässt nicht nur das Werben um die Geldspende ruhen, sondern vermeidet auch das Gespräch über berufliche Dinge. *Beim Essen ist es immer am besten, überhaupt nicht über Berufliches zu reden. Mag auch dringend eine Entscheidung anstehen – dazu ist noch Gelegenheit genug. Das gemeinsame Essen ist immer auf der Beziehungsebene angesiedelt, nicht auf der Sachebene.*

Dr. Fahrenkamp eröffnet das Tischgespräch, indem er eine Frage stellt. Er möchte einen Smalltalk in Gang bringen. Themen wie Reisen, Sport oder (ganz naheliegend) Essen und Trinken eignen sich dafür am besten. Fragen signalisieren dem anderen immer Interesse, sind aber auch eine Möglichkeit, das Gespräch zu steuern. Dr. Fahrenkamp geht es hier vor allem darum, Gemeinsamkeiten mit seinem Gast zu entdecken. Deshalb lässt er ihn ausreden, spricht nicht zu viel über sich selbst, sondern stellt lieber weitere Fragen. Bald haben Dr. Fahrenkamp und Leidwitz ein gemeinsames Thema gefunden. Das lässt sie sofort positiver miteinander umgehen.

13:17 Uhr. Vorspeise und Hauptgang

Der Ober und eine weitere Servicekraft servieren die Riesengarnelen als Vorspeise. Dazu gibt es Weißwein. Leidwitz und Dr. Fahrenkamp falten die Stoffserviette komplett auf und legen sie sich auf den Schoß. Liebermann drückt ein Ende der Serviette ein Stück in den Hosenbund, damit sie festen Halt hat. Frau Sönne lässt die Serviette auf dem Schoß zur Hälfte gefaltet; die offene Seite zeigt zu ihr.

»Also dann, sehr zum Wohl«, ruft Liebermann und streckt den Arm aus, um mit Frau Sönne anzustoßen.

»Na, anstoßen können wir ja vielleicht, wenn der Grundstein für die Kinderklinik in Sambia gelegt wird«, stoppt ihn Dr. Fahrenkamp. Er selbst erhebt sein Weißweinglas am Stiel bis knapp unter Augenhöhe und nickt erst Leidwitz, danach Frau

Sönne und schließlich Liebermann kurz und freundlich zu. Dann nimmt er einen Schluck, behält den Wein einen Moment im Mund, lässt ihn dann die Kehle hinuntergleiten und setzt schließlich das Glas vorsichtig wieder ab.
Nachdem alle ihre Garnelen verspeist haben, wirkt Frau Sönne unruhig und angespannt. Als sie auf dem Tisch einen kleinen Porzellanaschenbecher entdeckt, holt sie ihre Zigaretten aus der Handtasche und zündet sich eine davon an. Leidwitz räuspert sich und lässt ein künstliches Hüsteln hören.
»Ach, Herr Liebermann«, spricht Dr. Fahrenkamp den Verwaltungsdirektor an. »Sie rauchen doch auch. Möchten Sie nicht mit Frau Sönne einen Moment auf die Terrasse gehen? Den Aschenbecher können Sie gern mitnehmen.« Dann wendet er sich an den Ober: »Können wir den Hauptgang vielleicht einen Moment später bekommen?«
Als Frau Sönne und Liebermann an den Tisch zurückgekehrt sind, macht sich der Service daran, den Hauptgang zu servieren. Jetzt springt Leidwitz plötzlich auf, seine Serviette fällt zu Boden.
»Herr Hauptmann, ich muss mal eben austreten«, knurrt er zu Dr. Fahrenkamp hinüber und verschwindet.
Dr. Fahrenkamp entschuldigt sich beim Ober und fragt ihn freundlich, ob es möglich sei, das Hauptgericht vielleicht noch drei Minuten warm zu stellen. Nachdem Leidwitz zurück ist, genießen Dr. Fahrenkamp und seine Gäste den Hauptgang.
Als ihr Teller bis auf die Dekoration leer ist, legt Frau Sönne ihr Besteck nebeneinander darauf wie ein Stundenzeiger bei fünf Uhr. Liebermann legt sein Besteck zurück auf die Tischdecke. Leidwitz lehnt sein Besteck links und rechts von außen an den Tellerrand. Dr. Fahrenkamp hat noch etwas Filet auf dem Teller und betrachtet es unentschlossen. Er legt sein Besteck wie ein Dach links und rechts auf den oberen Tellerrand.
»Herr Ober, kann ich bitte noch einen Nachschlag haben?«, fragt Liebermann den Kellner.
Leidwitz schielt zu seinem Sitznachbarn und stößt ein leises Grunzen aus.

»Ach, dann bringen Sie mir doch auch noch ein paar Kartöffelchen«, sagt Frau Sönne zum Ober und strahlt erst diesen, dann Liebermann an. Dieser greift zum Glas und trinkt noch einen Schluck.
»Wo Sie gerade hier stehen«, wendet sich Leidwitz an den Ober, »heben Sie doch mal meine Serviette auf. Die liegt auf dem Boden.«
»Ich bringe Ihnen sofort noch etwas Fleisch und Kartoffeln«, sagt der Ober zu Frau Sönne und Liebermann. Dann wendet er sich an Leidwitz und sagt entspannt: »Und Ihnen, mein Herr, bringe ich selbstverständlich eine neue Serviette. Lassen Sie die andere einfach liegen. Wir räumen das später auf.«

Die Gäste nehmen die kunstvoll gefalteten Servietten zur Hand, als der Ober zum ersten Mal ein Gericht serviert. Das ist hier die Vorspeise, könnte aber auch eine kleine Aufmerksamkeit des Hauses sein. Bis dahin haben sich alle am Anblick erfreut, jetzt soll die Serviette ihren praktischen Zweck erfüllen. Frau Sönne findet hier die geschickteste Lösung. Einmal gefaltet mit der offenen Seite zum Gast kann die Innenseite jederzeit schnell fettige Lippen reinigen, ohne dass anschließend Kostüm oder Anzug in Gefahr sind.

Serviette

Die Serviette ganz aufzufalten, wie Dr. Fahrenkamp und Leidwitz es tun, ist auch nicht zu kritisieren, bloß müssen die beiden besser aufpassen, dass die Serviette nicht zu Boden fällt und sich keine Speiserückstände auf die Kleidung übertragen. Liebermann zerknüllt nicht nur die Serviette, als er sie in seinen Hosenbund steckt, sondern kann auch leicht zur Witzfigur werden, wenn er aufsteht, ohne an die Serviette zu denken, und sie dann wie ein Lendenschurz an ihm herabhängt. Zieht er sie dann ruckartig heraus, holt er sich das Hemd vielleicht gleich mit aus der Hose. Das wäre richtig peinlich.

Fällt eine Serviette mal auf den Boden, ist das ja eigentlich nicht schlimm. Bloß ist es am besten, sie dann einfach liegen zu lassen. Ein Mensch, der auf dem Fußboden herumkriecht, wirkt immer lächerlich, egal ob Gast oder Kellner. Der Kellner bringt aber sicher gern eine neue Serviette, wenn er darum gebeten wird. Alle Gäste außer Liebermann benutzen auch die Serviette jedes Mal, bevor sie zu einem Glas greifen. Denn fettige Abdrücke an guten Gläsern sind keine Zierde. Aus demselben Grund fassen alle die Gläser immer am Stiel an.

Anstossen

Und Anstoßen? Das ist ein altes Kneipenritual – mit dem Liebermann gegenüber Frau Sönne hier spontan Herzlichkeit ausdrücken möchte. Im Prinzip ist das ja nichts Schlimmes, doch denken Sie hier an das Gleichgewicht zwischen Natürlichkeit und Form. In dieser Situation will man sich nicht so gehen lassen wie in feucht-fröhlicher Runde. Denn das gebietet der Respekt vor dem Gast – und auch vor dem aufwendigen Rahmen, in den die Mitarbeiter des Restaurants viel Zeit und Mühe investieren. Anstoßen, lautes Reden und Lachen wären in der Kneipe in Ordnung, passen aber nicht zu dieser Atmosphäre verfeinerten Genusses.

Dr. Fahrenkamp schreitet hier sehr geschickt ein. Er unterbindet das Anstoßen, indem er den noch nicht erzielten Erfolg als Vorwand benutzt. So vermeidet er es, Liebermann wegen seiner unangepassten Umgangsformen bloßzustellen. Indem er nun selbst zum Weinglas greift, zeigt er Liebermann einfach durch sein eigenes Verhalten, wie er mit einem Glas edlen Weins umgehen möchte. Mit der Bedächtigkeit und dem leicht Rituellen seiner Bewegungen bringt er zum Ausdruck, dass er den besonderen Moment, den ein wirklich guter Wein den Gästen beschert, auch zu schätzen weiß.

Rauchen im Restaurant

Rauchen im Restaurant ist in den letzten Jahren zu einem Streitthema geworden, das die Gemüter heftig erhitzt. In einigen Ländern ist der Griff zur Zigarette im Lokal bereits gesetzlich verboten. Umso mehr Fingerspitzengefühl ist hier gefragt, damit keine Misstöne entstehen und die Situation in Balance bleibt. Denn während der Weintrinker den Safttrinker ebenso wenig stört wie der Fleischesser den Vegetarier, kann sich ein Nichtraucher durch Rauch erheblich belästigt fühlen. Ja einige Nichtraucher geraten sogar in Wut, wenn jemand neben ihnen raucht.

Ist das Rauchen im Restaurant nicht grundsätzlich unerwünscht, steht vielleicht sogar wie hier ein Aschenbecher auf dem Tisch, dann können sich sicherlich nach dem Essen alle darüber einigen, ob am Tisch geraucht werden darf. Rücksichtsvoller als das Mehrheitsprinzip ist hier zu verzichten, wenn auch nur einer der Gäste sich dabei erkennbar unwohl fühlt. Zwischen den Gängen zu rauchen ist gleich aus mehreren Gründen störend. Den Nichtrauchern am Tisch verdirbt es vielleicht den Appetit. Außerdem wird die Luft im Raum zu einem Zeitpunkt rauchschwanger, da die Gäste die Aromen noch aus der Küche erwarten. Schließlich gerät durch ausgedehnte Rauchpausen auch die Dramaturgie der Speisenfolge leicht durcheinander. Das Servicepersonal möchte den nächsten Gang servieren, schreckt aber zurück, wenn jemand noch mit seiner Zigarette beschäftigt ist. *Die in doppeltem Sinn sauberste Lösung ist sicherlich, wenn Raucher im Restaurant entweder auf das Nikotin ganz verzichten oder sich nach dem Essen zum Rauchen nach draußen begeben.* Manchmal gibt es ja auch ein eigenes Raucherzimmer.

Wenn Frau Sönne hier zwischen den Gängen zur Zigarette greift, dann wahrscheinlich wegen ihrer Anspannung. Denn ihr Chef Leidwitz ist ja im Umgang nicht gerade einfach. Dr. Fahrenkamp rettet die Situation mit Kreativität und Improvisationstalent. Die Störung zu beseitigen ist ihm ebenso wichtig, wie zu verhindern, dass diejenige, die gerade etwas aus der Rolle fällt, sich bloßgestellt fühlt.

Kurz darauf sorgt Leidwitz für die nächste unangenehme Situation. Natürlich kann man während eines ausgedehnten

Toilette

Essens einmal zur Toilette müssen. Warum sollte jemand dann gequält am Tisch ausharren, bis er das Essen nicht mehr genießen kann? Der passende Moment aufzustehen wäre aber gewesen, als der Ober gerade das Geschirr eines Ganges abgeräumt hat, und nicht, wenn ein weiterer aufgetragen wird. Küche und Service geben sich größte Mühe, das Essen genau zum rechten Zeitpunkt zu servieren, also so frisch wie möglich und perfekt temperiert. Leidwitz zeigt hier wenig Respekt vor dieser Leistung, wenn er einfach aufsteht.

Es hätte übrigens auch genügt, wenn Leidwitz einfach gebeten hätte, ihn für einen Moment zu entschuldigen. Ein »Ich bin gleich wieder da« ist sicherlich rücksichtsvoller als eine – vielleicht noch bemüht witzige – Ankündigung, was man auf der Toilette zu tun beabsichtigt. Die anderen Gäste am Tisch wollen ungetrübt genießen, was ihnen serviert wird. Auch Lippenstift und Schminke, Zahnstocher oder das Schnupftuch kommen deshalb besser nur auf der Toilette zum Einsatz.

Umgang mit Messer und Gabel

Den Umgang mit Messer und Gabel lernen wir als Kind und haben damit in der Regel auch keine Schwierigkeiten. Bei dem Essen im guten Restaurant scheinen Dr. Fahrenkamps Gäste allerdings etwas unsicher zu sein. Wohin mit dem Besteck, wenn sie freie Hände für den Wein brauchen oder beim Essen eine Pause machen möchten? Dabei ist doch nur wichtig, das Tischtuch und die eigenen Finger nicht zu beschmutzen. Ersteres sieht nicht nur unschön aus, sondern demonstriert auch wenig Achtung vor der Mühe, die der Service sich gegeben hat, eine elegante Atmosphäre zu schaffen. Und Soße an den Fingern ist nicht nur für andere unappetitlich, sondern trübt auch den eigenen Genuss. Abgesehen davon, dass die Soße schnell von den Fingern auf die Kleidung gerät.

Eigenartigerweise sieht man immer häufiger Leute, die ihr Besteck so an den Tellerrand lehnen, wie es Leidwitz hier tut. Dabei läuft garantiert Bratensoße auf den Messergriff. Immerhin ist diese Lösung aber noch besser, als das Besteck einfach zurück auf die Tischdecke zu legen und sie dadurch zu beschmutzen. Dr. Fahrenkamp legt sein Besteck in einer Esspause auf den oberen Tellerrand, also weder in sein Essen, was unappetitlich aussähe, noch so, dass Tischdecke oder Besteckgriffe Soße abbekommen könnten.

Außerdem macht Dr. Fahrenkamp auf diese Weise von der schönen Möglichkeit Gebrauch, dem Servicepersonal durch ein gängiges Zeichen zu signalisieren, ob er mit dem Essen fertig ist oder noch weiteressen möchte. Er denkt über das restliche Stück Filet noch nach, das sagen Messer und Gabel. Während Frau Sönne dem Service mit der Fünf-Uhr-Stellung des Bestecks zu verstehen gibt, dass sie mit diesem Gang fertig ist. Eine praktische Sache, diese Zeichensprache, denn so muss das Servicepersonal nicht dreimal nachfragen, ob alle mit dem Essen fertig sind. Und die Gäste brauchen ihr Tischgespräch nicht zu unterbrechen. Liebermann möchte gern einen Nachschlag. Noch an die Mensa aus seiner Studienzeit gewöhnt, empfindet er die Portionen des *Cochon Enchanté* als recht klein. Prompt ärgert sich Leidwitz, weil er einen Nachschlag als unpassend empfindet. Diesmal ist es Frau Sönne, die den Konflikt geschickt entschärft. Sie stellt sich auf Liebermanns Seite, indem sie auch noch einen symbolischen Nachschlag verlangt, obwohl sie eigentlich keinen Hunger mehr hat. So fängt sie die Situation auf.

Fünf-Uhr-Stellung

Nachdem er sich auch seinen Nachschlag hat schmecken lassen, legt Liebermann hoffentlich das Besteck aus der Hand, damit der Ober es mitnehmen kann. Denn selbstverständlich bekommen die Gäste für jeden Gang ein frisches Besteck. Steht die Menüfolge fest, dann wird es am Platz gedeckt und die Gäste arbeiten sich von außen nach innen vor.

Wie sehr die Besteckfrage bei Tisch immer wieder für Verwirrung und manchmal für Heiterkeit sorgen kann, wusste schon Adolph Freiherr Knigge. In seinem berühmten Buch »Über den Umgang mit Menschen« schreibt er 1788:

*Einst speisete ich mit dem Benediktiner-Prälaten aus I*** bei Hofe in H***; man hatte dem dicken hochwürdigen Herrn den Ehrenplatz neben Ihrer Hoheit der Fürstin gegeben; vor ihm lag ein großer Ragoutlöffel zum Vorlegen; er glaubte aber, dieser größere Löffel sei, ihm zur besonderen Ehre, zu seinem*

Gebrauche dahingelegt, und um zu zeigen, daß er wohl wisse, was die Höflichkeit erfordert, bat er die Prinzessin ehrerbietig, sie möchte doch statt seiner sich des Löffels bedienen, der freilich viel zu groß war, um in ihr kleines Mäulchen zu passen.

Leider verrät Knigge nicht, ob und wie die Gastgeberin die Situation gerettet hat. Im Idealfall gelingt es dem Gastgeber, seinem Gast eine Blamage zu ersparen und gleichzeitig deutlich zu machen, dass er die Sache gern anders halten würde. Menschlichkeit und das Bemühen, den anderen vor Bloßstellung zu schützen, finde ich eben immer wichtiger als jede Etiketteregel. So trank einmal bei einem Staatsbankett des spanischen Königs der aus einem exotischen Land stammende Ehrengast aus dem Schälchen mit Zitronenwasser, das zur Reinigung der Hände gedacht war. Alles erstarrte. Da nahm der König einfach sein eigenes Wasserschälchen, prostete dem Ehrengast zu und trank ebenfalls daraus.

Mit Einfühlungsvermögen, Gelassenheit und ein wenig Improvisationstalent meistern Sie jedes noch so förmliche Essen souverän. Es macht gar nichts, wenn Sie irgendeine althergebrachte Regel einmal nicht kennen oder sie vergessen haben. Verlassen Sie sich auf Ihr Gespür dafür, wie alle am Tisch sich wohl fühlen und einander gleichzeitig mit dem nötigen Respekt begegnen können. Und bauen Sie ruhig auch auf das Wohlwollen der anderen. Niemand ist perfekt. Bleiben Sie entspannt, und nehmen Sie sich kleine Patzer nicht zu Herzen.

13:48 Uhr. Dessert und Kaffee

Nach dem Zimtparfait fragt der Ober die Gäste, ob sie noch Kaffee wünschen. Dr. Fahrenkamp, Leidwitz und Frau Sönne bestellen einen Espresso, während Liebermann sich für einen Cappuccino entscheidet.

Dr. Fahrenkamp und Leidwitz sind immer noch in das Thema Golf vertieft. Gerade haben sie ihre Tipps zu den besten Golfplätzen Europas ausgetauscht und auch darüber gesprochen, welche Sehenswürdigkeiten in der jeweiligen Umgebung man auf keinen Fall verpasst haben sollte.

»Wissen Sie was, Herr Dr. Fahrenkamp«, sagt Leidwitz plötzlich mit erhobener Stimme, »eigentlich hat Ihre geplante Kinderklinik in Afrika es ja verdient, dass man sofort die Brieftasche zückt.«

»Sie wollen spenden, Herr Leidwitz?«, fragt Dr. Fahrenkamp.

»Ich werde Montag unserem Vorstand vorschlagen, eine halbe Million beizusteuern«, erwidert Leidwitz.

»Warum sagen Sie uns das erst jetzt?«, fragt Dr. Fahrenkamp überrascht.

»Na, so habe ich vorher noch was Anständiges zu essen bekommen«, sagt Leidwitz. Er fängt aus vollem Hals an zu lachen und klopft dabei auf den Tisch. Auch die anderen lachen leise. Neben dem Tisch steht ein junger Kellner, noch keine 20 Jahre alt, mit hochrotem Kopf und blickt unglücklich drein. Er hat Frau Sönne einen Cappuccino hingestellt, Dr. Fahrenkamp und Leidwitz je einen Espresso und scheint mit dieser Entscheidung unzufrieden.

»Entschuldigen Sie bitte«, wendet sich Dr. Fahrenkamp an den Jungen. »Jetzt haben wir Sie mit unserem Gelächter ganz durcheinandergebracht. Der Cappuccino ist für den Herrn. Und der Dame bringen Sie bitte auch noch einen Espresso.«

Nach dem Kaffee fragt Dr. Fahrenkamp seine Gäste: »Haben Sie noch einen Wunsch?« Als alle verneinen, entschuldigt er sich für einen Moment, geht zur Theke und bittet den Ober um die Rechnung. Als dieser den Beleg erstellt hat, erledigt Dr. Fahrenkamp die Angelegenheit direkt an der Theke.

Nicht immer wird ein gutes Gespräch bei gutem Essen mit einer halben Million Euro honoriert. Aber es kommt durchaus vor, dass ein Knoten plötzlich durchschlagen wird. Für Dr. Fahrenkamp hat es sich gelohnt, dass er durch aufmerksames Fragen das Lieblingsthema seines Gegenübers entdeckt hat. So ist auf der Beziehungsebene eine entscheidende Annäherung gelungen. Leidwitz lässt sich nun zwar ein bisschen stark gehen, aber grundsätzlich ist es doch schön, auch Emotionen zu zeigen, wenn etwas Besonderes passiert ist.

Leider wird der junge Auszubildende, der vielleicht zum ersten Mal Kaffee servieren darf, von der plötzlichen Heiterkeit völlig aus dem Konzept gebracht. Trotz des großen sozialen Unterschiedes zwischen dem Chefarzt und dem Jungen und obwohl eigentlich der Kellner einen Fehler gemacht hat, entschuldigt sich Dr. Fahrenkamp für das Gelächter. Das ist sehr souverän und wahrhaft guter Stil. Natürlich fühlt sich Dr. Fahrenkamp nicht wirklich schuldig. Aber er demonstriert Einfühlungsvermögen in die Situation des anderen, der gerade eine Blockade hat, weist ihm den Ausweg und nimmt so der Situation die Peinlichkeit.

Einfühlungsvermögen

Übrigens würde in Italien wohl niemand nach dem Essen einen Cappuccino bestellen. Mit Milch gemischte Espressogetränke sind ein klassisches Frühstücksgetränk, das der Italiener nur bis mittags trinkt. Nach dem Essen wird, nicht nur in Italien, meist ein Espresso getrunken. Aber soll der Cappuccino deshalb tabu sein? Nicht nur bei der Küche hat man in unseren Breiten immer das Beste aus anderen Kulturen ins Land geholt und dann den heimischen Sitten angepasst. Warum soll dann nicht nach dem Essen jeder die Kaffeevariante trinken, die er am liebsten mag?

Cappuccino

Auch das schönste Essen ist irgendwann vorbei, und dann muss der Gastgeber die Rechnung begleichen. Klar, es ist üblich, am Esstisch zu bezahlen – aber ich empfinde den Vorgang immer als ein wenig peinlich. Selbst wenn der Einladende nur eine Kreditkarte in ein schmuckes Ledermäppchen legt, das ihm der Ober gebracht hat, schauen die Gäste doch meist etwas betreten und versuchen bemüht, den Betrag auf der Quittung nicht zu entziffern. Sie werden nun einmal daran erinnert, dass der Genuss seinen Preis hatte und ein anderer dafür aufkommt.

Rechnung

Wenn es möglich ist, würde ich als Gastgeber immer fragen, ob jemand noch einen Wunsch hat, und ist das nicht der Fall, mich kurz entschuldigen und an der Theke zahlen. Wenn ich dann gut gelaunt zurückkomme, hat sich die finanzielle Seite ganz diskret im Hintergrund abgespielt, nichts hat die Harmonie am Tisch gestört. Außerdem konnten die Gäste auch ihr Tischgespräch in aller Ruhe fortsetzen.

Dr. Fahrenkamps spontane Einladung zum guten Essen war ein voller Erfolg, trotz einiger heikler Situationen. Seinen Ehrengast auch wirklich bevorzugt zu behandeln und mit den Servicekräften nicht herablassend, sondern auf Augenhöhe umzugehen war ihm besonders wichtig. Seiner Rolle als Gastgeber war er jederzeit gewachsen, denn er wahrte den Überblick und behielt die Fäden in der Hand. Bei alledem blieb er ganz entspannt. Er schuf einen Rahmen, in dem gute Gespräche sich entfalten konnten. Und immer, wenn etwas schief ging, reagierte er spontan und kreativ. Auch das ist guter Stil.

14:00 Uhr

»Freut mich,
Sie kennen zu lernen.«

In Bewerbungssituationen mit guten Umgangsformen punkten

Bewerbungsmappe | Gesprächsauftakt | Lücken im Lebenslauf | Heikle Themen | Gehaltsvorstellung | Begegnung auf Augenhöhe

»Na, diesmal sind es aber Sie, der spät dran ist«, sagt Christiane Reine schnippisch zu Dr. Fahrenkamp, als er das Vorzimmer zu seinem Büro betritt.
»Ich weiß – mea culpa«, entgegnet ihr Chef in bestem Ärztelatein und fügt lässig hinzu: »Wir waren noch spontan im Cochon Enchanté.«
»Wenn man es sich leisten kann …«, meint Christiane Reine ironisch. »Aber Sie haben schon noch im Kopf, dass jeden Moment die Bewerberin eintreffen kann, gell?«
»Ja, natürlich«, erwidert der Chefarzt aufgeräumt. »Wo haben Sie denn die Bewerbungsunterlagen hingelegt?«
»Dort drüben auf das Sideboard neben der Tür«, antwortet seine Sekretärin.
»Ist es die rote oder die blaue?«, fragt Dr. Fahrenkamp und hebt zwei Mappen in die Höhe. Mehr für sich fügt er hinzu: »Rot ist ja schön – aber so ein billiger Schnellhefter, na ja.«
»Die dunkelblaue Leinenmappe ist die von Frau Doktor Weber«, klärt Christiane Reine auf.
»Wie schön, dass heute die blaue Dame kommt«, meint Dr. Fahrenkamp und geht mit den Bewerbungsunterlagen zum Schreibtisch seiner Sekretärin. »Schauen wir doch noch mal kurz in die Mappe.«
Dr. Fahrenkamp öffnet die edle, dreiteilige Leinenmappe mit dem Lebenslauf in der Mitte, links dem Anschreiben und rechts den Zeugniskopien. Sein Blick fällt auf ein großes, farbiges Porträtfoto.
»Schicke Frisur«, meint Dr. Fahrenkamp.
»Na, warten Sie erst mal ab, wie die Dame in natura aussieht«, dämpft Christiane Reine die Erwartungen.
»Mal schauen, was sie so mit Kindern gemacht hat«, sagt der Arzt und wirft einen Blick auf den Lebenslauf.
»Sie war zwei Jahre in Boston in einer Kinderklinik.«
»Sehr gut.«
»Aber hier ist eine Lücke – rechnen Sie doch mal. Nach dem AIP fehlt ein komplettes Jahr.«
»Stimmt.«

In Zeiten wirtschaftlichen Wandels, da die lebenslange Festanstellung zunehmend der Vergangenheit angehört, sind Bewerbungssituationen Alltag. Die größte Hürde bei der Jobsuche besteht darin, überhaupt an eine Einladung zu einem persönlichen Gespräch zu kommen. Hier zählt der erste Eindruck – und diesen vermittelt heute in der Regel immer noch die klassische Bewerbungsmappe. Bewerbuns-situation

Dr. Ellen Weber, die sich in der Kinderklinik von Dr. Fahrenkamp um eine Stelle als Assistenzärztin bewirbt, hat sich für eine blaue Leinenmappe entschieden. Damit hat sie eine gute Wahl getroffen. Wie Sie schon aus dem ersten Kapitel wissen, steht Blau für Seriosität und Kompetenz. Das ist für eine Ärztin genau das richtige Signal. Der Blauton sollte aber nicht zu hell sein, also kein »Installateurblau«, und auch nicht so dunkel, dass er fast wie Schwarz aussieht.

Leinen ist ein sehr schönes Material für eine Bewerbungsmappe. Es wirkt authentisch, und die Haptik, also das Gefühl in der Hand, ist sehr angenehm. Solche winzigen Signale beeinflussen unbewusst das Urteil über die Person, von der die Mappe stammt. Eine dreiteilige Ausklappmappe finde ich besonders vorteilhaft. Sie signalisiert, dass es sich um eine »vielschichtige« Persönlichkeit handelt, die sich da »entfaltet«, während die Anordnung der Unterlagen gleichzeitig organisiert und aufgeräumt wirkt. Bewerbungs-mappe

Und der rote Schnellhefter, den Dr. Fahrenkamp von einem anderen Bewerber erhalten hat? Rot ist ja die Farbe der Leidenschaft und hat von allen Farben die größte Signalwirkung. Wer Rot wählt, will immer auffallen – und das sollte dann auch der Persönlichkeit entsprechen. Leider fällt dieser Bewerber mit seinem 08/15-Schnellhefter aus Plastik eher negativ auf. Kunststoff wirkt häufig glatt, billig und unangenehm. Entscheidend zum Erfolg einer Bewerbung trägt immer das Foto bei. Hier sollten Sie auf keinen Fall sparen, sondern einen guten Fotografen beauftragen. Achten Sie darauf, dass Bewerbungs-foto der Fotograf Ihnen auch persönlich sympathisch ist, er sich für die Aufnahmen genügend Zeit lässt und zwischen Ihnen beiden eine entspannte und vertrauensvolle Atmosphäre entsteht. Auf Dr. Fahrenkamp wirkt das relativ große, farbige Porträtfoto, das Dr. Ellen Weber ihrer Bewerbungsmappe beigefügt hat, sofort anziehend.

Es gibt »Stilgurus«, die bei Porträtfotos grundsätzlich strenges Schwarzweiß bevorzugen. Bei Bewerbungsfotos bin ich gar nicht dafür. Schwarzweiß sieht immer irgendwie nach Kunstfotografie, nach Pose und Inszenierung aus. Für jemanden, der sich als Kameramann, Modedesigner oder Artdirector in einer Werbeagentur bewirbt, ist das ja vielleicht okay. Im kaufmännischen Bereich finde ich es schon an der Grenze des Vertretbaren. Aber eine Kinderärztin kommt hoffentlich nie auf die Idee, sich mephistophelisch-düster in Schwarzweiß ablichten zu lassen. Für mich ist das Leben sowieso bunt! Farbige Fotos wirken dreidimensional und authentisch. Und leuchtende, klare Farben versetzen den Betrachter immer in eine positive Stimmung.

Das »perfekte« Bewerbungsfoto gibt es sowieso nicht. Sie sehen in Wirklichkeit immer anders aus als auf jedem Bild – da hat Frau Reine durchaus recht. Trotzdem sieht man jedem Bewerbungsfoto an, ob sich der Bewerber damit Mühe gegeben hat oder nicht. Für ein gutes Foto müssen Sie schon mindestens 80 Euro (120 Schweizer Franken) hinlegen. Hinzu kommen die Kosten für die Abzüge. Bei Frauen gehört ein professionelles Make-up für die Fotosession dazu. Ein richtig gutes Make-up ist für das Gegenüber gar nicht als solches zu erkennen. Die Kosmetikerin beim Friseur ist da sicher gern behilflich, bevor es zum Fotografen geht. Männer bekommen etwas Puder ins Gesicht, damit die Haut nicht glänzt. Klar, dass Sie sich für die Aufnahme typgerecht anziehen und Farben tragen, die zu Ihnen passen. Bei aller zeitgemäßen Lässigkeit halte ich klassische Businessgarderobe immer noch für das Beste, wenn Sie für ein Bewerbungsfoto zum Fotografen gehen. Für Männer bedeutet das Anzug und

Krawatte. Ausnahmen gelten auch hier wieder für bestimmte kreative Berufe.

Neben dem Foto gilt das zweite Hauptaugenmerk von Dr. Fahrenkamp dem Lebenslauf der Bewerberin. Er möchte sich hier schnell einen Überblick verschaffen, so geht es wohl den meisten Chefs. Der Lebenslauf sollte deshalb ansprechend und übersichtlich sein. *Beschränken Sie sich auf das Wesentliche und verzetteln Sie sich nicht im Kleinklein. »Lücken« im Lebenslauf sollten Sie nicht kaschieren, sondern mit Inhalt füllen.* Arbeitslosigkeit macht als solche natürlich immer einen schlechten Eindruck. Aber die Sache sieht schon anders aus, wenn Sie angeben, was Sie aus dieser Zeit gemacht haben. Wenn Sie zum Beispiel ein Ehrenamt bekleidet und sich dafür während einer Zeit der Arbeitslosigkeit besonders engagiert haben, dann schreiben Sie es hin. Waren Sie zeitweise gänzlich untätig, so könnte Ihr künftiger Arbeitgeber den Eindruck bekommen, dass Sie in schwierigen Situationen schnell resignieren. Das ist keine gute Visitenkarte.

Lebenslauf

14:34 Uhr. Das Bewerbungsgespräch beginnt

»Sind Sie zum Vorstellungsgespräch da?«, fragt Georg Liebermann Dr. Ellen Weber in einem beiläufigen Ton, als käme er rein zufällig an der Sitzecke vorbei, wo Frau Reine der Bewerberin vor 20 Minuten einen Platz angeboten hat. Ohne eine Antwort abzuwarten, fügt er sogleich hinzu: »Sie sind aber pünktlich! Wie heißen Sie denn?«

»Ich heiße Ellen Weber«, sagt die attraktive junge Frau im marineblauen Hosenanzug und lächelt freundlich.

»Dann kommen Sie mal mit.«

Als Liebermann wenige Augenblicke später mit Frau Dr. Weber in den Besprechungsraum kommt, geht Dr. Fahrenkamp sofort auf die Bewerberin zu. »Herzlich willkommen, Frau Weber! Ich bin Clemens Fahrenkamp. Unseren Verwaltungsleiter Georg Liebermann haben Sie ja gerade schon kennengelernt. Nehmen Sie doch bitte Platz.«

Dr. Fahrenkamp weist der Bewerberin einen Platz an, auf dem das Licht vom Fenster seitlich auf ihr Gesicht fällt. Liebermann setzt sich frontal vor die Bewerberin. Dr. Fahrenkamp nimmt schließlich so Platz, dass er mit dem Rücken zur Wand sitzt und das Licht direkt auf sein Gesicht trifft.
»Möchten Sie Kaffee oder Wasser, Frau Weber?«, fragt Dr. Fahrenkamp.
»Wenn Sie so nett sind, gern beides«, antwortet die Bewerberin.
Dr. Fahrenkamp gießt Frau Dr. Weber Kaffee und Wasser ein, bedient dann Liebermann und schließlich sich selbst.
»Ich habe mit Interesse gelesen, dass Sie in Boston waren«, eröffnet Dr. Fahrenkamp das Bewerbungsgespräch.

Eine Bewerbung ist keine Einbahnstraße. Beide Seiten möchten herausfinden, ob man zueinander passt – fachlich wie menschlich. Der Bewerber kann im Zweifel eine Absage bekommen. Aber er kann genauso gut ein Angebot erhalten und es ablehnen. Für Frau Dr. Weber ist der erste Eindruck von ihrem potenziellen Arbeitgeber genauso wichtig, wie es für Dr. Fahrenkamp die Bewerbungsmappe war. Und der erste Eindruck heißt Georg Liebermann.

Bewerbungsgespräch

Es ist schon eine üble Nummer, die der junge Verwaltungsleiter hier abzieht. Er kommt zu spät zu dem Bewerbungsgespräch, das für 14.30 Uhr angesetzt war – allein das ist schlimm. Und er stellt sich wieder nicht vor. Vor allem hat er offensichtlich die Bewerbungsunterlagen nicht studiert und kennt nicht einmal den Namen der Bewerberin. Da fehlt es an Achtung gegenüber dem anderen Menschen. Dr. Ellen Weber bekommt hier signalisiert, dass keiner sie erwartet. Sie macht gute Miene zum bösen Spiel, aber im Grunde fühlt sie sich unwohl. Leider ist die Unsitte weit verbreitet, dass Führungskräfte unvorbereitet in Besprechungen kommen, auch wenn es um personelle Entscheidungen geht oder anderen der Termin aus unterschiedlichen Gründen sehr am Herzen liegt.

Damit demonstrieren sie den übrigen Teilnehmern immer Desinteresse. Liebermann sendet hier die Botschaft aus, dass Personal ihm unwichtig ist. Vielleicht zählen für ihn nur Zahlen, Daten, Fakten. Aber wird Frau Dr. Weber in solch einem Klima arbeiten wollen? Die besten Köpfe können sich heute ihren Arbeitgeber aussuchen, nicht umgekehrt. Liebermann wird hier schließlich auch seiner Verantwortung als Verwaltungsleiter nicht gerecht. Er überlässt die Situation Dr. Fahrenkamp, obwohl seine Stimme ebenso viel Gewicht hat. Damit verkauft er sich unter Wert und macht keinen guten Eindruck. Dr. Fahrenkamp dagegen hat sich vorbereitet. Er kennt den Namen der Bewerberin und kommt pünktlich in den Besprechungsraum – das ist das Mindeste. Kurz vor dem Gespräch hat er sich noch einmal mit der Bewerbungsmappe von Dr. Ellen Weber beschäftigt und sich die wichtigsten Punkte in Erinnerung gerufen. Um die Details hat Frau Reine sich gekümmert. Sie hat beim hausinternen Catering Getränke bestellt und den Besprechungsraum unmittelbar vor Beginn des Gesprächs noch einmal kontrolliert. Und sie hat der Bewerberin einen Platz in einer Warteecke angeboten, in der sie Liebermann später abgeholt hat.

Sitzordnung

Im Besprechungsraum weist Dr. Fahrenkamp dann die Plätze an, weil er sich Gedanken über die Sitzordnung gemacht hat. Weil im Business, wie bereits erwähnt, der Grundsatz der Gleichberechtigung gilt, spielt das Geschlecht von Bewerber und potenziellem Chef für den Umgang keine Rolle. Ähnlich wie beim Mittagessen gibt es aber auch hier wieder »bessere« und »schlechtere« Sitzplätze, jedoch aus anderen Gründen. Dr. Fahrenkamp platziert die Bewerberin optimal, weil das Licht von der Seite auf ihr Gesicht fällt. Frau Dr. Weber wird so nicht geblendet und kann entspannt in den Raum sehen. Das seitliche Licht profiliert ihr Gesicht zudem angenehm.

Schaute die Bewerberin direkt ins Licht, wäre sie geblendet und würde leichter nervös. Es gibt unfaire Personaler, die Bewerber absichtlich so plazieren, dass sie geblendet sind, um sie zu verunsichern. Nachdem Liebermann sich der Bewerberin gegenübergesetzt, sich also auch ins »rechte Licht« gerückt hat, nimmt Dr. Fahrenkamp ein wenig Blendung gern in Kauf. Ihn stört es nicht, und immerhin ist so sein Gesicht gut zu sehen. Säße er mit dem Rücken zum Fenster, wäre sein Gesicht im Schatten und würde eventuell düster und unsympathisch wirken. Beide Chefs vermeiden es, die Bewerberin »in die Zange« zu nehmen. Das wirkt für einen Gesprächsteilnehmer, der von beiden Seiten Fragen gestellt bekommt, immer wie ein unangenehmes Kreuzverhör. Er hat keine »offene« Seite mehr, die es ihm erlaubt, emotional auszuweichen. Gut, dass Dr. Fahrenkamp der Bewerberin Liebermann vorgestellt hat. So haben sich nun alle Teilnehmer des Gesprächs miteinander bekannt gemacht. Wie Sie aus Kapitel 4 bereits wissen, sprechen sich Promovierte und Habilitierte jeder Fakultät sowie Adelige untereinander ohne Titel an. Dementsprechend stellen sie sich einander auch ohne Titel vor. Liebermann dagegen sollte die Bewerberin immer korrekt mit »Frau Doktor Weber« ansprechen. Dass er einer ihrer zukünftigen Chefs werden könnte, ändert daran nichts.

Rolle des Gastgebers

Es ist freundlich und korrekt, dass Dr. Fahrenkamp in der Rolle des Gastgebers zunächst etwas zu trinken anbietet und dann die Gesprächsteilnehmer auch selbst bedient. Mutig und selbstbewusst ist es, wenn die Bewerberin sowohl um Kaffee als auch um Wasser bittet. Es zeugt von italienischer Lebensart und ist keineswegs unverschämt, beides zu nutzen, wenn beides angeboten wird. Richtig ist aber, dass sie es gleich tut und nicht etwa später das Gespräch mit einem Satz wie »Ach, könnte ich auch noch etwas Wasser haben« unterbricht. Als Ärztin beweist die Bewerberin zudem Gesundheitsbewusstsein, weil Kaffee mit einem Glas Wasser für den Magen nun mal bekömmlicher ist. Trotzdem gehört auch etwas Mut dazu, sich von seinem möglichen künftigen Chef ausgiebig bedienen zu lassen. Sollten dagegen Gebäck, Schokolade oder Ähnliches auf dem Tisch stehen, ist das zwar eine nette

Geste des Gastgebers. Der Bewerberin kann ich aber nur raten: Finger weg! Und zwar auch dann, wenn sie mit einem freundlichen »Greifen Sie zu!« ermuntert wird. Knabberei lenkt immer ab und lässt einen bei einem intensiven Gespräch unvorteilhaft wirken. Kekskrümel (vor allem nusshaltige) können jede Stimme innerhalb von Minuten außer Gefecht setzen. Husten und Räuspern sind die unangenehme Folge. Krümel auf dem Tisch, an den Fingern oder auf der Kleidung sind auch nicht viel angenehmer, von schmieriger Schokolade ganz zu schweigen. Essen Sie lieber vor dem Bewerbungsgespräch etwas, auch wenn Sie nervös sind und wenig Appetit haben. Dann überfällt Sie während des Gesprächs auch kein Heißhunger.

Eröffnung von Bewerbungsgesprächen

Dr. Fahrenkamp kommt sofort zur Sache. Mit dem Satz »Ich habe mit Interesse gelesen, dass Sie in Boston waren« beginnt er das Gespräch. Vielleicht kennen Sie die Eröffnung von Bewerbungsgesprächen anders oder haben in Bewerbungsratgebern gelesen, dass man erst einmal etwas Smalltalk machen soll. Der künftige Chef fragt dann den Bewerber zum Beispiel, ob er eine gute Anreise hatte und alles gut gefunden hat.

Aber mal ehrlich: Solche Banalitäten sind überflüssig und steigern allenfalls die Nervosität des Bewerbers. Eine völlig entspannte Atmosphäre ist zu Gesprächsbeginn sowieso Illusion. Und im Zweifelsfall versteht der Bewerber jede noch so harmlos gemeinte Frage als Fangfrage. Und so antwortet er natürlich, dass er den Weg sofort finden konnte, selbst wenn er sich in der Aufregung dreimal verfahren hat. Wer will schon als Depp dastehen, der kein Orientierungsvermögen besitzt?

Dr. Fahrenkamp macht seine Sache also gut, wenn er sich lange Vorreden spart. Stattdessen greift er einen positiven Aspekt aus dem Lebenslauf der Bewerberin heraus. Er demonstriert damit, dass er sich mit der Biographie seines Gegenübers beschäftigt hat. Die Gesprächseröffnung ist konkret und gleichzeitig wertschätzend. Frau Dr. Weber bekommt einen Ball zugespielt und hat nun Gelegenheit, etwas Gewinnendes über sich zu erzählen.

14:47 Uhr. Heikle Themen

»Tja, liebe Frau Weber«, meint Liebermann, nachdem sich Dr. Fahrenkamp eine ganze Weile mit Frau Dr. Weber über ihren Werdegang unterhalten hat, »was ist denn so Ihre Gehaltsvorstellung?«

»Wir sprechen ja hier über den öffentlichen Dienst«, antwortet die Bewerberin, »also geht es wohl nach BAT. Wie ist die Stelle denn ausgeschrieben?«

»Den guten alten Bundesangestelltentarifvertrag«, sagt Liebermann genüsslich, »gibt es inzwischen nur noch in Hessen und Berlin. Bei uns, wie überall sonst, gilt seit dem 1. Oktober 2005 der TVöD – Tarifvertrag öffentlicher Dienst. Ausgeschrieben haben wir die Stelle nach Entgeltgruppe 13, wie Sie der Stellenanzeige ja entnehmen konnten. Zu Ihrer besseren Information, das entspricht ungefähr der alten Besoldungsgruppe BAT IIa.«

»Mal etwas anderes«, hakt Dr. Fahrenkamp ein. »Das Jahr 2004 ist mir in Ihrem Lebenslauf noch nicht so ganz klar. Haben Sie da eine Auszeit genommen?«

»Oder war es vielleicht eher eine Arbeitslosigkeit?«, fügt Liebermann hinzu, noch bevor Frau Dr. Weber antworten kann.

»Ich habe tatsächlich eine Auszeit genommen«, antwortet Dr. Ellen Weber ruhig. »Das hätte ich im Lebenslauf noch ergänzen können, da haben Sie recht. Ich bin 2004 einmal um die Welt gereist und habe immer mal wieder ein paar Wochen als Schiffsärztin auf Frachtschiffen gearbeitet. Ich stamme aus einem kleinen Dorf im Odenwald, und da war es für mich eine ganz wichtige Erfahrung, einmal etwas von der Welt zu sehen.«

»Schiffsarzt!«, sagt Dr. Fahrenkamp begeistert. »Das ist toll! So was habe ich vor 15 Jahren auch mal gemacht. Man kriegt zwar kein Geld dafür, kommt aber ganz schön rum.«

»Na, gut«, bemerkt Liebermann ungeduldig und schaut auf seine Armbanduhr. »Dann würde ich sagen …«

»Frau Weber«, fragt Dr. Fahrenkamp die Bewerberin, »inter-

essiert Sie noch irgendetwas besonders an unserem Haus oder dem Arbeitsplatz?«
»Ja«, meint die Bewerberin. »Ich habe von Ihrer Kinderonkologie gehört. Wie viele Patienten haben Sie denn da in der Regel, und wie groß ist die Station?«

Leider müssen Sie als Bewerber immer damit rechnen, dass es Chefs gibt, die ein Vorstellungsgespräch mit einem Verhör verwechseln. So wie hier Verwaltungsleiter Liebermann suchen sie dann gezielt nach Schwachpunkten. Sie wollen den Bewerber provozieren und aufs Glatteis führen. Bei manchen ist das wie ein fest eingeplanter »Showblock« in ihren Bewerbungsgesprächen. Doch hier kommt es zu keinem Showdown, weil Frau Dr. Weber nicht in die Falle tappt, die Liebermann ihr stellt.

In der Regel gibt es im öffentlichen Dienst tatsächlich wenig Verhandlungsspielraum beim Gehalt. Wobei die Macher der Stellenpläne auch schon mal erstaunlich kreativ werden können. Frau Dr. Weber zieht sich hier ganz gut aus der Affäre, indem sie den Ball zurückspielt und von Liebermann wissen möchte, wie die Stelle denn ausgeschrieben ist. Prompt walzt der Jurist genüsslich eine neue Rechtslage aus, die Frau Dr. Weber offenbar nicht kennt. Damit führt er aber gleichzeitig seine eigene Frage nach der Gehaltsvorstellung ad absurdum. Sie war offenbar gar nicht so ernst gemeint. Gehalt

Man kann es drehen und wenden, wie man will: Solche Verhandlungsspielchen sollten nicht Teil eines Vorstellungsgesprächs sein. *Sicher muss man sich irgendwann auch über die Bezahlung einig werden. Aber hier geht es ja darum, sich kennenzulernen. Die Art und Weise, wie man das tut, hat viel mit dem Wertesystem der Beteiligten zu tun.* Wollen Menschen einander als mündige potenzielle Kollegen begegnen? Oder wollen sie feilschen wie auf einem Basar und jetzt schon Gräben ziehen? Dieses leider allzu beliebte Spiel, auszuloten, wie weit man bei dem anderen gehen kann, stammt aus dem Kindergarten und gehört auch nur dorthin.

Liebermann zeigt durch sein Verhalten, dass er auf einem ziemlich hohen Ross sitzt. Sein Denkmuster lautet: »Die will was von uns.« Er begegnet der Bewerberin nicht auf Augenhöhe, sondern macht sie zu einer Bittstellerin. In diese Rolle braucht Frau Dr. Weber sich jedoch nicht drängen zu lassen. Es geht für sie um eine wichtige Lebensentscheidung, und sie muss gut überlegen, ob sie in diesem Krankenhaus überhaupt arbeiten möchte.

Dr. Fahrenkamp geht auf Liebermanns Störmanöver gar nicht weiter ein. Er hat eine andere Grundeinstellung gegenüber der Situation. Sein Grundmuster lautet: »Ist das die Richtige?« Er will die Bewerberin nicht verprellen, sondern so viel wie möglich über sie herausfinden. Das heißt jedoch nicht, dass er um der Harmonie willen heikle Themen einfach ausklammern würde. Die Lücke im Lebenslauf von Frau Dr. Weber, auf die seine Sekretärin ihn aufmerksam gemacht hat, möchte er schon erklärt haben. Allerdings interessiert ihn hier: Was sagt die Erklärung über die Persönlichkeit der Bewerberin? Hat sie resigniert, als es nicht sofort weiterging? War sie ausgepowert? Oder hat sie sich ganz aus freien Stücken eine Auszeit gegönnt?

Lücke im Lebenslauf

Die Sache mit der Weltreise und den Jobs als Schiffsärztin gefällt Dr. Fahrenkamp. Und das signalisiert er der Bewerberin auch sofort. Ihre Ehrlichkeit, jetzt alles ganz offen darzustellen, zahlt sich aus. Ich kann jedem nur empfehlen, seine Biographie nicht schönzureden und auch zu den Schwachpunkten zu stehen. Allerdings ist es legitim, seinen Lebenslauf möglichst gut zu »verkaufen«. Und wenn man Fehler gemacht hat, sollte man zeigen, dass man daraus gelernt hat.

Zum Abschluss des Gesprächs dreht Dr. Fahrenkamp den Spieß um und stellt sich selbst noch einmal ausdrücklich der Bewerberin für Fragen zur Verfügung. Das ist eine Standardsituation in Bewerbungsgesprächen. Schön, wenn das Angebot trotzdem ernst gemeint und der Chef wirklich offen für Fragen ist. Noch schöner, wenn sich die Gesprächsatmosphäre bis dahin so positiv entwickelt hat, dass auch der Bewerber das fragt, was ihn wirklich interessiert. Und nicht bloß demonstrieren möchte, dass er die Internetseiten des potenziellen Arbeitgebers gelesen hat.

Auf Augenhöhe: Tipps für Ihre Bewerbung

Hier sind noch einmal meine wichtigsten Tipps
für Bewerber im Überblick:

- Verschicken Sie nur ansprechende Bewerbungsunterlagen.
- Legen Sie Wert auf ein professionelles Farbfoto.
- Kommen Sie rechtzeitig zum Vorstellungsgespräch.
- Stellen Sie sich allen Beteiligten mit Vor- und Nachnamen vor.
- Treten Sie selbstbewusst auf – Sie haben etwas anzubieten.
- Gehen Sie auf Vorgeplänkel nicht groß ein.
- »Verkaufen« Sie Ihre Biographie gut, aber reden Sie nichts schön.
- Wehren Sie unfaire Angriffe freundlich, aber bestimmt ab.
- Vermeiden Sie im Erstgespräch Diskussionen über Geld.
- Nutzen Sie Gelegenheiten, selbst Fragen zu stellen.
- Bleiben Sie entspannt.

Auch in Bewerbungssituationen macht sich der soziale Wandel bemerkbar. Der Trend geht eindeutig zum authentischen Auftreten. Man begegnet sich heute viel mehr auf Augenhöhe als noch vor wenigen Jahrzehnten. Früher war eben nicht alles besser, sondern unsere Gesellschaft ist spürbar demokratischer geworden. Dafür kommt es heute auf die Persönlichkeit viel stärker an. Wer irgendwie durchrutschen und mitschwimmen will, ohne ein klares persönliches Profil zu besitzen, hat es heute schwerer als früher. *Wenn Sie in Bewerbungssituationen authentisch auftreten wollen, sollten Sie Ihre Stärken und Ihre Schwächen möglichst gut kennen.* Und Sie müssen die richtige Mitte treffen: Zwischen abgebrühter Cleverness, die alles zu den eigenen Gunsten zurechtbiegt, und schierer Dummheit, die alles ungefiltert ausplaudert. Vor allem sollte heute jeder seine Freiräume zu nutzen verstehen. Als ich noch nicht selbständig war, habe ich wesentlich mehr Jobangebote abgelehnt als angenommen. Ich habe mir auch eingestanden, »für diese Firma möchte ich um nichts in der Welt arbeiten«, nachdem ich Einblick in ihr Wertesystem und ihre Kultur bekommen hatte. Ich weiß, es gibt äußere Zwänge bei der Jobsuche, keine Frage. Aber meine Lebenserfahrung ist, dass man immer mehr Möglichkeiten hat, als man zunächst denkt, wenn man mit einem gesunden Selbstbewusstsein seinen potenziellen Arbeitgebern gegenübertritt.

15:00 Uhr

»Du willst doch bestimmt unseren Künstler kennen lernen?«

Gekonnt auftreten bei Smalltalk und Networking

Smalltalkmuffel | Schüchternheit | Aufeinander zugehen | Gesprächseröffnung | Smalltalkthemen | Tabuthemen | Sich wiedersehen

»Hallöchen!«, trällert die Mittvierzigerin in der bunten Sommerbluse, als sie zur Tür hereinkommt und Felicitas Fahrenkamp entdeckt. Die Galerie Fahrenkamp in der Nähe des Wiesbadener Kurviertels ist bereits mit rund 40 Gästen gefüllt. Durch die raumhohen Schaufenster dringt helles Sonnenlicht und lässt die ganz in Weiß gehaltenen Räume erstrahlen. Die großformatigen Bilder an den Wänden leuchten in allen Farben des Regenbogens. Auf einem niedrigen Tisch in einer Sitzecke stehen Sektflaschen und Gläser, eine kleine Espressomaschine, verschieden große Porzellantassen, Orangensaftflaschen und Tetrapaks mit Vollmilch.
»Ach, Ulla! Schön, dass du da bist«, begrüßt Felicitas Fahrenkamp ihre Walkingpartnerin. Da wirft Ursula Reinbach sich ihr schon an die Brust und küsst sie nacheinander auf beide Wangen.
»Du willst doch bestimmt unseren Künstler kennenlernen?«, fragt Felicitas Fahrenkamp ihren Gast und führt Ursula Reinbach in die Mitte des Raumes.
John Ruzzo ist Mitte 50, hat gebräunte Haut, fast weißes Haar und einen kurzen Vollbart. Er trägt einen weißen Anzug mit weißem Hemd, weiße Schuhe und einen purpurfarbenen Seidenschal. Neben ihm steht ein auffällig attraktiver, blonder Zwanzigjähriger, der aussieht, als käme er direkt vom Strand.
»John, may I introduce you to my neighbour Ulla«, sagt Felicitas Fahrenkamp zu dem Künstler. Dann wendet sie sich ihrer Nachbarin zu: »Das ist John Ruzzo aus San Francisco.«
Mit einem schnellen Blick mustert John Ruzzo die blumige Bluse und die roten Schuhe seines Gegenübers.
»Guten Tag. Nice to meet you«, sagt der Künstler herzlich.
»I know San Francisco!«, entgegnet Ursula Reinbach enthusiastisch. »We were in California in holiday.«
»I seeee«, sagt John Ruzzo gedehnt.
»Would you please excuse me – entschuldigt mich bitte«, sagt Felicitas Fahrenkamp, als ein Ehepaar um die 60 zur Tür hereinkommt.

Eine Ausstellungseröffnung gehört zu den klassischen Anlässen, bei denen Smalltalk angesagt ist. Bekannte und Unbekannte begegnen einander in einem netten Rahmen und kommen ins Gespräch. Es gibt weder eine offizielle Agenda noch etwas zu verhandeln, und doch möchte man sich unterhalten. Was für eine wunderbare Gelegenheit, Menschen kennenzulernen und sich von ihnen anregen und inspirieren zu lassen! Oder finden Sie nicht? Smalltalk

Wenn ich mir die vielen Teilnehmer an meinen Knigge-Seminaren vergegenwärtige, dann fällt mir auf, dass immer nur eine kleine Minderheit mit einer uneingeschränkt positiven Einstellung zum Thema Smalltalk ins Seminar kommt. Die meisten haben mit Smalltalk und Networking, dem lockeren Kontakteknüpfen, so ihre Schwierigkeiten. Unter denen, die sich hier schwer tun, gibt es wiederum zwei Gruppen: Die einen wollen nicht; die anderen würden gern, aber meinen, sie könnten nicht.

Die Angehörigen der ersten Gruppe geben sich selbstbewusst und überzeugt. Es sind die bekennenden Smalltalkmuffel. Typische Äußerungen lauten »Ich mag lieber ›deep talk‹« oder »Ich hasse Oberflächlichkeit«. In der Mehrzahl finden sich in dieser Gruppe wohl Männer. Wenn sie sich mit Menschen unterhalten, so sagen sie, dann möchten sie ernsthafte, fachliche oder »zielführende« Gespräche haben. »Banalitäten« und »Belanglosigkeiten« auszutauschen finden sie furchtbar. Außerdem sei es Zeitverschwendung. Smalltalk-muffel

Wenn ich nachhake und der andere ehrlich ist, dann zeigt sich, dass es sich hierbei oft um Ausreden handelt. Der Betreffende ist es nicht gewohnt, sich in Gesellschaft zwanglos zu bewegen. Und wenn er entsprechende Anlässe konsequent meidet, wird er sich auch nie daran gewöhnen.

Angehörige der zweiten Gruppe sagen zumindest in der Seminarsituation häufig ganz offen: »Ich bin unsicher.« Sie bewundern »Party People«, die auf Stehempfängen lächelnd und charmant mit allen ins Gespräch kommen, halten sich aber selbst für zu schüchtern, um offen auf andere Menschen zu- Unsicherheit zugehen. Da löst es dann immer wieder allgemeines Erstaunen aus, wenn ich eine wissenschaftliche Untersuchung der renommierten amerikanischen Stanford-Universität zitiere. Dort haben Psychologen herausgefunden, dass ganze sieben Prozent keine Probleme mit zwanglosem Kennenlernen und Smalltalk haben. Die überwältigende Mehrheit von 93 Prozent ist zumindest teilweise unsicher. Von diesen 93 Prozent schätzen sich 25 Prozent als chronisch schüchtern ein, während 68 Prozent angeben, sie hätten manchmal ein flaues Gefühl, wenn sie fremden Menschen begegnen.

Wenn Sie selbst zu den 93 Prozent gehören, dann ist es doch schon einmal eine beruhigende Nachricht, dass es fast allen anderen Menschen genauso geht wie Ihnen. Was aber sind die eigentlichen Ursachen für die Unsicherheit? Einmal ist es die Angst, isoliert und von den anderen unbeachtet dazustehen, wo man von Fremden umgeben ist. »Da kenne ich doch keinen!«, reagieren manche geradezu panisch, wenn sie eine ähnliche Einladung wie die zur Vernissage von John Ruzzo bekommen. Hinzu kommt die Unsicherheit, über welche Themen man mit Fremden reden soll. Was ist, wenn einem nichts einfällt oder man irgendeinen Blödsinn erzählt, den man später bereut?

Beide Unsicherheitsfaktoren lassen sich abbauen. Ein erster Schritt dazu ist, sich einmal anzusehen, was bei Smalltalk und Networking überhaupt geschieht, wie Menschen hier aufeinander reagieren und auf welche Art die Begegnungen für alle angenehm werden.

Ursula Reinbach, von allen Ulla genannt, betritt die Galerie ziemlich temperamentvoll. Sie macht einen etwas aufgedrehten Eindruck. Das kaschiert jedoch nur ihre Unsicherheit. Ihr Denkmuster in dieser Situation lautet: »Hoffentlich finde ich jemanden, den ich kenne.« Dementsprechend steuert sie sofort auf die einzige Person zu, mit der sie vertraut ist. Die überschwengliche Begrüßung zeigt, wie erleichtert sie ist, tatsächlich gleich jemand Bekanntes gefunden zu haben. Sie umarmt die Gastgeberin, als suchte sie bei ihr Halt. Wäre Felicitas Fahrenkamp nicht die Galeristin und Gastgeberin, dann würde Ulla jetzt wahrscheinlich den ganzen Nachmittag an ihr »kleben«. Sie würde zur »Klette«, die sich an den einzigen Menschen klammert, mit dem die Kommunikation funktioniert, diese Person nicht mehr loslässt und die übrigen Gäste mehr oder weniger ignoriert. Felicitas Fahrenkamp wird jedoch sofort aktiv und stellt Ulla dem Künstler vor. Damit nimmt sie die Gastgeberrolle wahr, die Sie aus vorherigen Kapiteln schon kennen.

Aktivität des Gastgebers

Auch bei diesem Anlass ist die Aktivität des Gastgebers ganz wichtig. Als Gastgeberin muss Felicitas Fahrenkamp die Situation möglichst vorteilhaft gestalten. Vor allem darf der Gastgeber niemals alle Gäste um sich scharen. Er sollte vielmehr sofort nach der Begrüßung dafür sorgen, dass die Gäste untereinander Gruppen bilden. Wie bei einem Kartenlegespiel schaut er, wie er die einzelnen Gäste am besten zusammenbringt. Er fragt sich: Wer steht gerade allein? Wer sollte wen einmal kennenlernen, weil beispielsweise die Interessen sich perfekt ergänzen? *Ein aktiv gestaltender Gastgeber nimmt unsicheren Gästen oft schon den Großteil ihrer Beklommenheit. Er sorgt durch seine geschickte Regie für eine entspannte und kommunikative Atmosphäre.* Clever ist, dass Felicitas Fahrenkamp ihre Nachbarin Ulla gleich dem Künstler John Ruzzo vorstellt. Da er der Ehrengast und gefragteste Gesprächspartner des Nachmittags ist, wird Ulla es kaum schaffen, sich ihm als »Klette« anzuheften und ihn längere Zeit für sich zu beanspruchen.

15:14 Uhr. Gespräche haben oder Gespräche führen?

»Darf ich Ihnen ein Glas Sekt oder einen Kaffee anbieten?«, fragt Felicitas Fahrenkamp das Unternehmerehepaar Altmann. »Herzlich gern ein Glas Sekt«, sagt Herr Altmann. Auch seine Frau signalisiert Zustimmung.

»Annette, bring uns doch bitte mal zwei Gläser Sekt«, gibt

Felicitas Fahrenkamp an ihre Praktikantin weiter. Dann wendet sie sich wieder ihren neuen Gästen zu: »Sie sammeln John Ruzzo ja schon seit einigen Jahren. Wir haben jetzt ein neues Blatt von ihm, exklusiv in Deutschland. Es heißt ›Coney Island‹. Haben Sie es schon gesehen?«
Felicitas Fahrenkamp begleitet das Ehepaar Altmann zu dem leuchtend bunten Bild. Als Annette von Arnspitz den Sekt bringt, wechselt die Gastgeberin noch ein paar Worte mit den Altmanns und entschuldigt sich dann.
Unterdessen ist das Gespräch zwischen Ursula Reinbach und John Ruzzo verstummt. Da entdeckt die Nachbarin der Galeristin das Unternehmerehepaar vor »Coney Island«. Schnurstracks geht sie auf die beiden zu und stellt sich seitlich neben Bild und Betrachter.
»Hallo, ich bin die Ulla!«
Die Altmanns blicken irritiert. Und schweigen.
»Ganz schön buntes Bild …«
»Hm, hm«, nickt Frau Altmann.
»Haben Sie den Künstler schon persönlich kennengelernt? Wir hatten vorhin ein ganz tolles Gespräch. Er hat ja auch ein Buch über sein Leben geschrieben. So ein vielseitiger und lebensfroher Mensch! Und wen der alles kennt! Ich meine, in Hollywood und so.«
»Sie haben das Buch schon gelesen?«, fragt Frau Altmann überrascht. »Dann sicher auf Englisch. Auf Deutsch ist es ja gestern erst erschienen.«
»Na ja«, entgegnet Ursula Reinbach, »ich habe es eben auf der Theke liegen sehen und … mal reingeblättert.«
»Hm, hm«, nickt Frau Altmann.
»Was machen Sie denn beruflich?«, fragt Ursula Reinbach neugierig.
»Wir haben eine Spedition«, erwidert Herr Altmann.
»Ach wirklich?«, meint Ursula Reinbach mit leuchtenden Augen. »Wie heißt Ihre Firma denn? Kenne ich die?«
»Wir sind die Spedition Altmann. Und wir beide heißen auch Altmann«, entgegnet der Unternehmer.

»Altmann, natürlich!«, äußert Ursula Reinbach überschwenglich. »Sieht man doch ständig auf der Autobahn. Wie viele Mitarbeiter haben Sie denn?«
»Fünfundsiebzig.«
»Also, ich bin Vertriebsrepräsentantin der AT Cosmetic AG aus Zug in der Schweiz. Wir haben wunderbare Kosmetikprodukte! Ich komme gern mal bei Ihren Mitarbeitern vorbei und stelle unsere Produktpalette vor. Natürlich vollkommen kostenlos und unverbindlich. Warten Sie, ich gebe Ihnen beiden mal meine Visitenkarte …«

Gespräche führen

Als Gastgeberin muss Felicitas Fahrenkamp immer frei bleiben und alle Gäste im Blick behalten. Sie beendet deshalb jedes Gespräch nach kurzer Zeit und entschuldigt sich. Da es in der Galerie schon ziemlich voll ist, delegiert sie kleinere Aufgaben an ihre Praktikantin. Felicitas Fahrenkamp ist jedoch nicht nur Gastgeberin, sondern auch Geschäftsfrau. Letztlich hat sie die Gäste eingeladen, um ihnen Bilder zu verkaufen. Das tut sie sehr dezent, indem sie auf der Begeisterungsebene ansetzt. Das Unternehmerehepaar Altmann spürt, wie sehr Felicitas Fahrenkamp sich selbst freut, John Ruzzo und seine Bilder präsentieren zu können. Und die Altmanns fühlen sich wertgeschätzt, weil die Galeristin bei ihrem Wissen über die Sammlungsschwerpunkte ihrer langjährigen Kunden anknüpft. So schafft es Felicitas Fahrenkamp zu verkaufen, ohne verkäuferisch zu sein. Der Gastgeber hat es immer leicht, mit den Gästen ins Gespräch zu kommen. Er steht im Mittelpunkt und begrüßt seine Gäste persönlich. Ein Gast wie Ursula Reinbach, der »niemanden kennt«, hat es da schwerer. Nach kurzer Zeit weiß Ulla nicht mehr, worüber sie sich mit John Ruzzo unterhalten soll. Vielleicht ist sie befangen gegenüber dem weltgewandten Künstler. Oder es lässt sie nur ihr Englisch im Stich. Ulla schaut kurz auf den Boden und geht dann wortlos weg. Dieses Verhalten ist auch als »französisches Verabschieden« bekannt. In Frankreich ist es

»Französisches Verabschieden«

eben okay, wenn man wort- und grußlos wieder auseinandergeht. Im deutschsprachigen Raum wird es als irritierend und unhöflich empfunden.

Sind Sie jemandem vorgestellt worden und haben Sie sich eine Weile mit ihm unterhalten, dann sollten Sie sich auch in netter Form wieder verabschieden. Ulla hätte zum Beispiel (auf Englisch oder Deutsch) sagen können: »Ich möchte mir noch etwas zu trinken holen, entschuldigen Sie mich bitte.« Oder mit Blick auf das Unternehmerehepaar: »Ich möchte gern jemanden begrüßen, bitte entschuldigen Sie mich.«

Dabei sollten Sie aber unbedingt darauf achten, den anderen nicht allein zurückzulassen. *Stehen Sie in einer kleinen Gruppe, ist es immer okay, sich auszuklinken. Jemanden sich selbst zu überlassen ist für den Betreffenden jedoch sehr unangenehm. In diesem Fall sollten Sie versuchen, den anderen in eine Aktion mit einzubeziehen.* Sie könnten also etwas fragen: »Sollen wir uns noch etwas zu trinken holen?«, und mit dem anderen Gast dann an die Bar gehen. Ulla hätte zu John Ruzzo sagen können: »Da drüben steht ein Paar vor Ihrem Bild. Kennen Sie die?« Bietet sich keine solche Möglichkeit an, bleibt eigentlich nichts, als auf den Gastgeber zu warten, damit dieser die Gäste neu mischt.

Ulla will mit dem Ehepaar Altmann ins Gespräch kommen. Wie stellt sie das an? Zunächst einmal macht sie es gut. Gemeinsam ein Kunstwerk zu betrachten und sich darüber auszutauschen, ist auf einer Vernissage immer ein guter Weg, um in Kontakt zu kommen. Auch dass Ulla direkt auf die Altmanns zugeht, sich hinzugesellt und sich dann vorstellt, ist korrekt und okay.

Bloß »Ich bin die Ulla« – das ist dann doch zu volkstümlich für den Anlass. Ulla schätzt die Situation falsch ein. Sie überträgt ihre Nachbarschaftsbeziehung zu Felicitas Fahrenkamp auf die anderen Gäste. Aber diese haben überhaupt keinen Anlass zu solcher Vertraulichkeit. Mit einem freundlichen »Ich bin Ulla Reinbach« wäre sie auf der sicheren Seite gewesen. Bloß: Wenn das Unternehmerehepaar Ulla nun anschweigt, weil ihm der Ton ihrer Vorstellung nicht passt, dann ist das noch viel unhöflicher. Es ist sogar kränkend. Die Altmanns hätten sich vorstellen sollen.

Ins Gespräch kommen

Ulla startet gleich den nächsten Versuch, ins Gespräch zu kommen. Ihre Bemerkung, das Bild sei »ganz schön bunt«, ist natürlich banal und gibt den Altmanns wenig Anknüpfungsmöglichkeiten, um daraus ein Gespräch zu entwickeln. Aber grundsätzlich macht es Ulla ja genau richtig! Sie greift etwas Angenehmes, Naheliegendes und Konkretes auf. Und sie setzt bei etwas an, das sie mit ihren Smalltalkpartnern bereits gemeinsam hat, nämlich das Interesse an dem Bild. Etwas intelligenter wäre vielleicht gewesen, zu fragen, ob das eines der ganz neuen Bilder ist. Oder auf den Titel »Coney Island« einzugehen. Daraus hätte sich dann beispielsweise auch ein Gespräch über New York oder über Reisen in die USA entspinnen können. Wichtig ist eben, irgendeinen netten Aufhänger zu finden, der es ermöglicht, sich ein wenig auszutauschen. Eigentlich sind hier beide Seiten unsicher: Ursula Reinbach und die Altmanns. Aber sie gehen völlig verschieden mit ihrer Unsicherheit um. Während das Ehepaar zunächst kaum einen Ton sagt außer »Hm, hm« (ein deutliches Zeichen seiner Unsicherheit), bläht Ulla sich immer mehr auf. Und das macht die Altmanns noch stiller. So entsteht eine Negativspirale.

Ulla will jetzt Punkte machen, indem sie sich mit ihrem angeblich »ganz tollen« Gespräch mit John Ruzzo brüstet. Das kann schon deshalb nicht funktionieren, weil sie sich damit über die Altmanns stellt. Ihre Botschaft lautet: »Seht her, dank meiner privilegierten Beziehung zur Gastgeberin habe ich hier besondere Möglichkeiten.« Wie soll sich daraus ein Gespräch auf Augenhöhe ergeben?

Außerdem stimmt ihre Aussage ja gar nicht. Grundsätzlich muss man immer damit rechnen, dass die Wahrheit ans Licht kommt. Und dann wird es in einem solchen Fall peinlich. Hätte Ulla einfach ehrlich gesagt »Mein Englisch ist nicht so gut, deshalb war mein Gespräch mit John Ruzzo etwas schwierig«, dann hätte sie den Altmanns damit auch eine emotionale Brücke gebaut. Wer zu seinen kleinen Schwächen steht, wirkt sofort sympathisch. Ulla dagegen legt sogar noch einmal nach und lässt sich über das Buch von John Ruzzo aus, das sie bloß ganz kurz im Vorübergehen auf der Theke gesehen hat. Doch wer über Bücher redet, die er nicht gelesen hat, begibt sich schnell aufs Glatteis. Am schnellsten dann, wenn er nur eine Rezension gelesen hat, sich diese Kritik aber ungeprüft zu eigen macht.

Salltalk und Medien

Smalltalk und Medien – das ist ohnehin ein ganz spezielles Thema. Mich wundert immer wieder, wie schnell Menschen heute gängige Medienmeinungen übernehmen und als eigenen Standpunkt ausgeben. Als 2006 das umstrittene Buch »Das Eva-Prinzip« von Eva Herman erschienen war, unterhielt ich mich mit einer Dame, die auf das Buch schimpfte wie ein Rohrspatz. Ich fand es peinlich, als sich herausstellte, dass sie es überhaupt nicht gelesen hatte. Natürlich hätte sie nach der Lektüre zu demselben Ergebnis kommen und vielleicht sogar noch lauter schimpfen können. Das ist nicht der Punkt. Sondern dass sie so offensichtlich ihre Urteile aus zweiter Hand bezieht. Immer, wenn das der Fall ist, kann sich auch kein wirklich interessantes Gespräch entfalten. Wie soll mich die Begegnung mit einem Menschen inspirieren, wenn er das, worüber er spricht, nur vom Hörensagen kennt?

»Was machen Sie beruflich?«

Doch zurück zu Ulla und den Altmanns. Um nach der peinlichen Enthüllung ihrer Unkenntnis der Autobiographie von John Ruzzo das Thema zu wechseln, stellt Ulla die leider nur allzu verbreitete Frage: »Was machen Sie beruflich?« Ulla ist jedoch keine Journalistin, die das Ehepaar Altmann hier zum Interview treffen würde. Mit anderen Worten: Die Arbeit der Altmanns geht sie überhaupt nichts an. Die Frage nach dem Beruf wirkt immer neugierig und übersteigt das normale Maß an Interesse, das man einem Fremden entgegenbringen sollte.

Manche fragen auch nur nach dem Beruf, weil sie den anderen auf irgendeiner Skala der sozialen Rangordnung einsortieren wollen. Aber beim Smalltalk sollte man sich ohnehin auf Augenhöhe begegnen – dieses Taxieren stört da nur. Andere nutzen diese Frage als Einstieg, um auf berufliche Themen zu kommen, bei denen sie sich sicherer fühlen als bei Smalltalkthemen. *Berufliches ist aber für den Smalltalk absolut ungeeignet. Schön, wenn Sie Ihren Job interessant finden und gern darüber reden – aber Smalltalk ist nun einmal auf der Beziehungsebene und nicht auf der Sachebene angesiedelt. Das unterscheidet ihn ja gerade von Vorstellungs- oder Verkaufsgesprächen.*

Leider hat Ulla Reinbach diesen Unterschied nicht verstanden. Sie nutzt die Veranstaltung ihrer Nachbarin sogar für die eigene Kundengewinnung und drängt den Altmanns ein Akquisegespräch auf. Selbst auf einer Networking-Veranstaltung im Businessbereich wären keine Verkaufsgespräche angesagt. Zu allem Überfluss fragt Ulla Herrn Altmann hier auch noch über seine Firma aus. Das ist ein gefährliches Spiel. Das Unternehmerehepaar könnte sogar die Galerie verlassen, ohne ein Bild gekauft zu haben, weil es sich nicht mehr wohl fühlt. Ulla missbraucht das Vertrauen der Gastgeberin und gefährdet das Gelingen der Vernissage. Einzig die Galeristin hat hier das Recht, etwas zu verkaufen. Immer wieder trifft man solche »U-Boote« wie Ulla, die in fremden Gewässern auf Beutefang sind. Das ist lästig und ärgerlich. Richtig frech ist, dass Ulla auch noch ihre Visitenkarten verteilt.

An dieser Stelle möchte ich einmal ein allgemeines Wort zum Thema Visitenkarten verlieren. Natürlich erleichtert es das Networking, wenn man dem Gesprächspartner in eleganter Form seine Kontaktdaten überlassen kann. Aber ich käme auch bei einer Businessveranstaltung niemals auf die Idee, ungebeten meine Visitenkarten zu verteilen. Neulich kam ich im Zug zum Frankfurter Flughafen mit einem Herrn ins Gespräch, der sich mir als ungemein wichtiger Journalist auf Visitenkarte dem Weg zu einem noch wichtigeren Termin vorstellte. Am Schluss des Gesprächs überreichte er mir ungebeten seine Visitenkarte. Sie stammte von einer Nachrichtenagentur, von der ich trotz meiner jahrelangen Tätigkeit als Hörfunk- und Fernsehjournalist nie gehört hatte. Ich wäre nie von selbst auf die Idee gekommen, ihn nach seiner Karte zu fragen.

Manche überreichen ihre Karte schon zu Beginn eines Gesprächs ungefragt. Das ist aber nur in Asien wirklich nötig, weil dort jede Begrüßung streng nach Hierarchie ablaufen muss. Hierzulande ist es bloß ein blödes Ritual. Einmal war ich mit meiner Frau zu einem Gespräch bei einem großen Unternehmen in Süddeutschland eingeladen. An dem Meeting nahmen drei Abteilungsleiter teil, die uns alle sofort ihre Karte überreichten. So lagen also zu Gesprächsbeginn sechs Visitenkarten vor uns auf dem Tisch – alle mit derselben Postadresse der Firma und derselben Rufnummer der Telefonzentrale. Wie absurd!

Ich kann Ihnen nur empfehlen, Ihre Visitenkarte dann zu überreichen, wenn Sie danach gefragt werden. Aber ich finde es andererseits auch okay, den anderen jederzeit zu fragen: »Hätten Sie vielleicht eine Karte für mich?« Wenn Sie ernsthaft interessiert sind, in Kontakt zu bleiben, dann fragen Sie ruhig nach der Karte. Haben Sie aber vor dem Treffen schon alle Kontaktdaten per E-Mail ausgetauscht, dann ist die Karte meistens überflüssig.

15:37 Uhr. Eine besonders angenehme Begegnung …

Als Annette von Arnspitz sich umsieht, ob alle Gäste noch mit Getränken versorgt sind, steht plötzlich ein junger Mann von Mitte 20 direkt vor ihr. Er trägt eine verwaschene Jeans, ein weißes Hemd und eine markante dunkle Brille, die zu seinen langen schwarzen Haaren und seinem Drei-Tage-Bart passt.

»Sie sind mir vorhin schon aufgefallen«, sagt der junge Mann grinsend. »Ich bin Tobias Mendelsohn.«

»Ich bin Annette von Arnspitz«, stellt die Praktikantin sich vor. »Freut mich, Sie kennenzulernen.«

»Mögen Sie amerikanische Grafik?«
»Ich bin eher ein Fan von Manet.«
»Echt? Ich finde Neo Rauch im Moment total cool.«
»Wer ist das denn?«
»Na, die neue Leipziger Schule und so. Ich schreibe gerade eine Seminararbeit darüber.«
»Hoffentlich ist dieser Rauch nicht so eingebildet wie Ruzzo. Der hat vielleicht rumgezickt, als wir ihn im Hotel abgeholt haben. Bloß weil wir ein paar Minuten zu spät dran waren. Und ob dieser blonde Typ sein Freund ist, würde ich auch gern mal wissen. Der ist ja ganz schön jung!«
»Na, ich bin eher wegen der Bilder hier.«
»Klar.«
»Übrigens beginnt doch in zwei Wochen in Frankfurt diese große Impressionistenausstellung: ›Das Musée d' Orsay zu Gast im Städel‹. Wenn Sie Manet lieben – wollen wir da nicht gemeinsam hingegen? Ich finde Sie total nett und würde gern mit Ihnen in die Ausstellung gehen.«
»Aber klar. Würde mich freuen.«
»Darf ich Ihnen meine Telefonnummer aufschreiben?«
Tobias Mendelsohn geht zur Theke und schreibt seine Telefonnummer auf eine der Gratispostkarten der Galerie.

Zum Glück ist Annette von Arnspitz bei gleichaltrigen Kunststudenten nicht so befangen wie bei Konsuln. So klappt denn das Bekanntmachen hier mal sehr schön. Tobias Mendelsohn macht es ihr mit seiner direkten Art allerdings auch leicht. Er arbeitet mit seinem Charisma und setzt einfach ein breites Grinsen auf. Wer jemanden so direkt anlächelt, muss dann aber auch aktiv werden. Der Kunststudent macht ein nettes, kleines Kompliment: »Sie sind mir vorhin schon aufgefallen.« Das ist charmant und nicht zu aufdringlich. Sprüche wie »Sie sind die schönste Frau hier im Raum« wären dagegen ziemlich daneben.

Bekanntmachen

Angenommen, Annette von Arnspitz und Tobias Mendelsohn begegneten sich an ihrer Uni, dann würden sie sich natürlich duzen. Dass sie hier beim »Sie« bleiben, ist stilvoll, weil es den Rahmen berücksichtigt, in dem sich die beiden gerade bewegen. Und nicht nur das Bekanntmachen gelingt vorbildlich, sondern auch der Einstieg ins Gespräch. Tobias Mendelsohn stellt eine naheliegende und direkte Frage. Schön ist, dass Annette von Arnspitz darauf authentisch und ehrlich reagiert. Schlimm wäre jetzt geheucheltes Interesse an den Bildern von John Ruzzo. Stattdessen bekennt sie, ein Fan von Manet zu sein, dem französischen Maler im Umfeld des Impressionismus. Und wer seinen Lieblingsmaler, Lieblingskomponisten oder seine Lieblingsstadt zur Sprache bringt, hat sich damit auf elegante Art indirekt charakterisiert.

Dass Tobias Mendelsohn nun gleich seinen (aktuellen) Lieblingsmaler Neo Rauch nennt, ist okay. Auch er möchte etwas von seinem Geschmack preisgeben und sich damit charakterisieren. Wenn Annette nachfragt »Wer ist das denn?«, ist das auch im grünen Bereich. Zumal Neo Rauch nicht so prominent ist, dass jeder ihn kennen müsste. Aber anschließend droht der Smalltalk ziemlich zu verunglücken.

Zunächst kann Tobias Mendelsohn der Versuchung nicht widerstehen, sich auf die Nachfrage seiner Gesprächspartnerin hin als Experte zu positionieren. Er spricht von »Leipziger Schule« und wirft mit der »Seminararbeit« indirekt sogar seinen offiziellen Expertenstatus beim Thema Kunst in den Ring. Das wirkt belehrend und schafft Distanz. Netter wäre gewesen, der Kunststudent hätte erzählt, was ihm persönlich an den Bildern von Neo Rauch so gut gefällt. Etwa: »Ich finde Neo Rauch faszinierend, weil er gleichzeitig realistisch und rätselhaft malt.«

Prompt meint auch Annette von Arnspitz, ihr Standing gegenüber dem Gesprächspartner verbessern zu müssen. Sie lässt sich zu Klatsch und Tratsch hinreißen. Das Schema in ihrem Kopf lautet: »Ich weiß etwas, was du nicht weißt.« Indem sie in abfälligem Ton die Vorgeschichte der Vernissage ausplaudert und über John Ruzzos Privatleben spekuliert, will sie sich als bestens informierte Insiderin präsentieren. Doch das geht schief. Tobias Mendelsohn fängt die Peinlichkeit so gut es geht auf, indem er das Gespräch wieder auf die Kunst lenkt.

Tabuthemen bei Smalltalk

Gibt es Tabuthemen beim Smalltalk? Natürlich hat unsere Gesellschaft heute weniger Tabus als früher, und es wird viel offener über ein breites Spektrum von Themen gesprochen. Bei Smalltalk sollten Sie aber bedenken, dass sich hier die Gesprächspartner möglichst wohl fühlen sollen. Deshalb werden Sie alle Themen vermeiden, die schnell zu Streit führen oder bei denen sich der andere unangenehm oder gar peinlich berührt fühlen könnte.

Ganz oben auf der roten Liste stehen Klatsch und Tratsch. Es ist immer peinlich, sich über das Privatleben Dritter auszulassen. Aber auch das eigene Privatleben geht niemanden etwas an. Fragen wie »Sind Sie verheiratet?« oder »Haben Sie Kinder?« sind deshalb klar im roten Bereich. Und Erzählungen über Ihre Ehe oder Ihre Kinder sollten Sie sich für Ihre Verwandten und Freunde aufheben. Warum? Weil nun einmal auf dem Feld von Beziehungen und Familie auch viel schief geht.

Stellen Sie sich vor, Sie schwärmen von Ihren Kindern – aber Ihr Gegenüber versucht seit Jahren vergeblich, welche zu bekommen, und leidet psychisch sehr darunter. Oder Sie erzählen von Ihrem zauberhaften Partner – und der andere hat gerade eine schmerzhafte Trennung von seinem Partner hinter sich gebracht. Da kommen unangenehme Gefühle und Verletzungen hoch, die das Gespräch belasten, aber auch nicht offen ausgesprochen werden können.

Einmal war ich mit meiner Frau auf der Frankfurter Buchmesse am Stand eines Verlags. Die Verlagsmitarbeiterin wollte von uns wissen, ob wir Kinder hätten. Ich antwortete kurz und knapp: »Nein.« Daraufhin hakte sie nach und fragte: »Wollen Sie keine, oder können Sie keine bekommen?« Wie oft, wenn es mir zu bunt wird, entgegnete ich: »Das ist ein interessantes Thema, darüber können wir mal bei einem Glas

Wein reden.« Es kam dann aber tatsächlich zu der Verabredung zu einem Glas Wein. Und wir haben ein sehr intensives und offenes Gespräch geführt, an das ich mich gern erinnere. Bloß war das dann längst kein Smalltalk mehr.

Vermeiden Sie also konfliktträchtige Themen wie beispielsweise Intimes oder Krankheiten. Auch beim Thema Politik wird es schnell peinlich, denn das ist geradezu eine Einladung dazu, das »Besserwisserspiel« zu spielen. Religion wiederum ist zu persönlich und zu komplex für Smalltalk.

Smalltalk-thema

Was sich dagegen als Smalltalkthema eignet, ist alles, was für jeden Gesprächsteilnehmer angenehm ist, was verbindet und Gemeinsamkeit schafft. Kunst und Kultur sind ein gutes Beispiel, gleichermaßen Essen und Trinken, Reisen oder auch Sport – immer vorausgesetzt, es ergeben sich tatsächlich Anknüpfungspunkte.

Mein Tipp: Lesen Sie vor dem Smalltalk die Seite »Vermischtes« einer Tageszeitung. Da finden sich immer skurrile kleine Geschichten, die Anlass zu Gesprächen bieten.

Smalltalkthemen: Worüber man spricht – und worüber besser nicht

Solche Themen eignen immer sich gut, um ins Gespräch zu kommen:

* Urlaub und Reisen
* Essen und Trinken
* Kultur
* Sport
* Luxus und Wellness
* Witzige Zeitungsmeldungen (»Vermischtes«)

Wenn Sie folgende Themen ansprechen, kann es unangenehm werden:

* Klatsch und Gerüchte
* Familienstand, Kinder
* Politik

- Religion
- Krankheiten
- Beruf und Fachthemen

Tobias Mendelsohn und Annette von Arnspitz wollen sich unbedingt wiedersehen. Das fädelt der Kunststudent sehr nett ein, indem er eine gemeinsame Unternehmung vorschlägt, die zu dem Smalltalkthema der beiden passt. Dass er den Vorschlag noch mit dem Kompliment »Ich finde Sie total nett« garniert, ist mutig, aber vollkommen in Ordnung. Stilvoll ist, dass Tobias Mendelsohn seine Telefonnummer Annette von Arnspitz überreicht, ohne dafür als Gegenleistung ihre Kontaktdaten zu verlangen. So hat sie die freie Wahl, wann sie sich melden möchte.

Wenn es auch manche Klippe zu umschiffen gilt – ich bleibe dabei: *Smalltalk ist eine Riesenchance, Menschen kennenzulernen und sich von ihnen inspirieren zu lassen. Sie können Ihren Horizont erweitern und sogar neue Freunde finden. Schlagen Sie solche Einladungen also nicht aus, sondern gehen Sie hin. Und für Schüchterne gilt: Nur Mut!*

16:00 Uhr

*»Das ist der Studiogast –
könnt ihr ihm mal das Mikro anstecken?«*

Sich authentisch und selbstbewusst in der Öffentlichkeit zeigen

Der Fernsehauftritt | Interviews in Radio und Print | Welches Medium für welche Botschaft? | Authentisch wirken | An der Persönlichkeit arbeiten

Dr. Clemens Fahrenkamp steuert mit dem Auto auf ein imposantes Hochhaus zu, das aussieht, als hätte ein Riese mitten in den Weinbergen mit gigantischen Legosteinen gespielt. Als er die Einfahrt zum Gelände des Fernsehsenders erreicht hat, lässt er die Seitenscheibe herunter und meldet sich beim Pförtner.
»Guten Tag, ich heiße Clemens Fahrenkamp. Ich bin Studiogast der Sendung ›Menschen heute‹.«
Der Pförtner schaut auf seine Liste und nickt. »Bitte fahren Sie auf den Besucherparkplatz und begeben Sie sich dann zum Haupteingang«, sagt er tonlos. »Die Maske holt Sie ab.«
Nervös schaut Dr. Fahrenkamp kurze Zeit später an dem Betonklotz aus den frühen Achtzigerjahren empor und zwängt sich dann mit seiner Anzugtasche durch die Tür. Da kommt ihm schon eine blonde Dame um die 50 entgegen.
»Dr. Fahrenkamp?«, fragt sie von weitem.
»Jaaaa!«, antwortet der Chefarzt erleichtert.
»Ich bin Roswitha Kleinschmidt von der Maske«, stellt sich die Dame vor, als sie unmittelbar vor Dr. Fahrenkamp steht. »Wir gehen direkt ins Sendezentrum.«
Durch schier endlose Gänge folgt Dr. Fahrenkamp wortlos der Maskenbildnerin. Schließlich steht er mit Roswitha Kleinschmidt und noch zwei anderen Frauen, die sich ihm nicht vorstellen, in einem künstlich beleuchteten Raum mit großen Spiegeln.
»Ach, Sie haben zwei Anzüge mit«, bemerkt die Maskenbildnerin, als Dr. Fahrenkamp seine Anzugtasche auspackt. »Das ist aber praktisch.«
»Ich hatte an den hier gedacht«, sagt Dr. Fahrenkamp vorsichtig und holt den grauen Anzug mit Fischgrätmuster hervor.
»Mensch, der ist ja topaktuell!«, meint Roswitha Kleinschmidt. »Aber leider gar nichts für die Kameras. Das Muster ist zu klein, das flimmert auf dem Fernsehbildschirm. Lassen Sie mal sehen, was Sie noch dabeihaben. Nadelstreifen – okay, das geht.«
»Soll ich mich hier … umziehen?«, fragt Dr. Fahrenkamp unsicher.

»Wir beißen nicht«, sagt eine der anderen Damen im Raum. Als Dr. Fahrenkamp im blauen Nadelstreifenanzug vor einem großen Spiegel sitzt, fällt sein Blick auf die signierten Porträtfotos an der Wand daneben: Thomas Gottschalk, Marianne und Michael, André Rieu, David Hasselhoff …

»Erstaunlich, wen Sie schon alles hier auf dem Stuhl sitzen hatten«, meint Dr. Fahrenkamp. »Sie könnten doch bestimmt ein Buch darüber schreiben.«

»Machen Sie bitte die Augen zu«, sagt Roswitha Kleinschmidt routiniert. »Ja, ja, ich mache diesen Job jetzt seit 22 Jahren.« Die Maskenbildnerin trägt Puder auf das Gesicht von Dr. Fahrenkamp und betont seine Wimpern mit Mascara. Nach ein paar Minuten hört der Arzt, wie die Tür aufgeht.

»Rosi, bist du schon fertig?«, fragt eine Frauenstimme. Dann sieht Dr. Fahrenkamp im Spiegel eine Mittdreißigerin näher treten. »Herr Doktor Fahrenkamp, ich bin Svenja Dietrich, die Redakteurin. Wir haben telefoniert. Wenn Sie möchten, können wir gleich ins Studio gehen. Da ist für die Aufzeichnung schon alles vorbereitet.«

»Ja, okay«, entgegnet Dr. Fahrenkamp knapp.

»Ihre Sachen können Sie hierlassen«, meint Roswitha Kleinschmidt. »Ich schminke Sie ja nachher noch ab.«

»Vielen Dank, Frau Kleinschmidt«, sagt Dr. Fahrenkamp, als er aufsteht. Dann folgt er Svenja Dietrich durch zwei weitere lange Flure. Noch einmal geht es um die Ecke, dann stehen beide in einem riesengroßen, dunklen Raum.

»Sind das alles Kameras?«, fragt Dr. Fahrenkamp, als er die Decke voller Technik sieht.

»Nein«, meint Svenja Dietrich schmunzelnd. »Das sind computergesteuerte Scheinwerfer.«

Nach ein paar Schritten stehen Dr. Fahrenkamp und Svenja Dietrich vor dem Set. Hinter einer hölzernen Theke hängen zwei große Flachbildschirme an unsichtbaren Drahtseilen. Künstliche Wolken bilden den Hintergrund.

»Kommen Sie, wir probieren gleich mal Ihre Position und wie das Licht aussieht« sagt die Redakteurin und geht mit

Dr. Fahrenkamp hinter die Theke. Dann ruft sie in die Dunkelheit: »Das hier ist der Gast! Könnt ihr ihm mal das Mikro anstecken?«

Als ein junger Glatzkopf im roten T-Shirt Dr. Fahrenkamp verkabelt, sagt Svenja Dietrich streng: »Sie wissen ja, dass wir heute nicht live senden, sondern für morgen aufzeichnen. Trotzdem sind wir live on tape, also bitte nicht abbrechen! Ansonsten überlasse ich Sie jetzt der Moderatorin.«

»Vielen Dank«, sagt Dr. Fahrenkamp. Da begegnet er schon der nächsten Dame.

»Ich bin Bianca Schulze-Seegebert«, stellt sich eine hellblonde, jugendlich wirkende Frau in einem blauen Hosenanzug vor. »Brauchen Sie die Fragen vorab, oder können wir gleich loslegen?«

Bevor Dr. Fahrenkamp antworten kann, schallt eine kräftige Männerstimme aus der Dunkelheit: »Ich brauche eine Tonprobe!«

»Herr Doktor Fahrenkamp, welches Auto fahren Sie?«, beginnt die Moderatorin sofort mit ruhiger Stimme.

»Einen dunkelgrauen Volvo S 80«, erwidert der Studiogast genervt.

»Und was transportieren Sie damit?«, fragt die Moderatorin – und fügt sofort im Flüsterton hinzu: »Bitte gucken Sie nicht in die Kamera, sondern schauen Sie nur mich an.«

»Also, meine Kinder haben oft …«

»Danke, das reicht!«, ruft die Stimme aus der Dunkelheit. Sofort schließt sich eine weitere Männerstimme an: »Ruhe bitte! Wir nehmen auf.«

Im Hintergrund trällert einige Sekunden lang Musik. Bianca Schulze-Seegebert schaut konzentriert geradeaus. Als die Musik verstummt, beginnt sie unmittelbar mit ihrer Moderation.

»Meine Damen und Herren, willkommen zu ›Menschen heute‹. Mein heutiger Gast ist Arzt. Er ist ein Mann mit Charisma und Humor, und er kennt Afrika wie nur wenige Deutsche. – Herr Doktor Fahrenkamp, Sie sind Leiter der kommunalen Kinderklinik hier in Mainz. Jedes Jahr sind Sie einige Wochen

in Sambia. Sie haben dort eine Partnerschaft mit dem Saint-John-Hospital. Was motiviert Sie, so viel Zeit in Afrika zu investieren?«

»Nun, schon während meines Studiums hat mich ein heutiger Kollege aus Sambia, Dr. Thomson, zu einem Praktikum ins Saint-John-Hospital eingeladen. Ich war bestürzt über die schwierigen Arbeitsbedingungen dort. Und gleichzeitig zutiefst beeindruckt von der Tatkraft, mit der die Menschen diese Bedingungen bewältigen. Die Sache hat mich dann nicht mehr losgelassen. Mir wurde klar, dass ich etwas tun muss, um den Menschen dort zu helfen.«

»Was sind das für Schwierigkeiten, die Sie in Sambia erlebt haben?«

»Das fängt schon bei der Ärztedichte an. In Deutschland haben wir statistisch 3,7 Ärzte pro 1000 Einwohner, in Sambia sind es nur 0,1 …«

Auftritt in den Medien

Authentisch auftreten in den Medien – ist das überhaupt möglich? Ich habe viele Jahre Fernsehen gemacht und dabei eine Reihe von »Fahrenkamps« bei ihrem ersten Studioauftritt erlebt. Das läuft eigentlich immer so ab, wie ich es hier ausgemalt habe. Auch wer eben noch der Chef war und Situationen souverän gestaltet hat, wird in wenigen Schritten zum Rädchen in einer gut geölten Maschine. Der Studiogast ist Akteur in einer seriell produzierenden Unterhaltungsindustrie und hat nur einen eng begrenzten Handlungsspielraum. Gegen die Macht der eingespielten Abläufe ist kaum anzukommen. Viele kommen stolz und mit hohen Erwartungen zu ihrem ersten Fernsehauftritt. Hinterher fühlen sie sich meistens deprimiert, leer und wie ausgeblutet.

Zunächst einmal sollten Sie sich klarmachen: Fernsehen ist nie objektiv. Bilder sind mächtig, ja fast allmächtig. Medienwissenschaftler sagen, dass das Bild im Fernsehen bereits 85 Prozent der Botschaft ist – egal, ob bei der Naturreportage oder der politischen Talkshow. *Was Sie im Fernsehen sehen, ist nie die Wirklichkeit, sondern immer eine Inszenierung der Wirklichkeit.* Letztlich ist alles künstlich. Schon das Setting im Studio, das Dr. Fahrenkamp in unserer Szene betritt, ist eine Welt, die mit der Alltagswelt nichts gemein hat. Hier wird nach eigenen Regeln und Gesetzen eine neue Realität konstruiert. An dieser hoch professionellen Inszenierung kann Dr. Fahrenkamp nichts ändern. Er darf mitspielen – die Spielregeln bestimmen andere.

zugewiesene Rolle

Schon in der Maske wird Dr. Fahrenkamp für die ihm zugewiesene Rolle zurechtgemacht. Seine Intimsphäre verkleinert sich dabei spürbar. Er lernt die »visuellen Akteure« kennen, also etwa Maskenbildner, Set-Designer, Kameraleute, Regisseure, die allein darüber entscheiden, wie er auf dem Bildschirm aussehen wird. Durch die Maske, das Licht, den Blickwinkel der Kamera oder den Bildausschnitt können sie Dr. Fahrenkamp sympathisch oder unsympathisch wirken lassen – ganz wie sie wollen.

Dann lernt Dr. Fahrenkamp die »redaktionellen Akteure« kennen, die dafür verantwortlich sind, ob und wie er seine Inhalte und sein Anliegen präsentieren kann. Auch hier ist alles subjektiv. Die Redaktion erarbeitet das Thema Afrika aus ihrem Blickwinkel. Sie wählt die Fragen aus und bestimmt damit zum Teil auch schon die Antworten. Die Moderatorin schließlich hat es in der Hand, wie sie den Gast behandelt, ob sie ihn beispielsweise freundlich ausreden lässt oder ständig mit kritischem Nachfragen unter Druck setzt. Keiner der redaktionellen Akteure war jemals in Sambia, niemand kennt sich mit dem Thema wirklich aus, und so muss mangelndes Wissen eben oft durch gängige Klischees ersetzt werden. Eine richtige Recherche vor Ort wäre für solch eine Nachmittagssendung viel zu teuer. Dr. Fahrenkamp hat hier nur die Möglichkeit, in den vielleicht zwölf Minuten, die er Redezeit hat, sein Anliegen möglichst einprägsam zu vertreten. Wobei zwölf Minuten im Fernsehen schon eine Ewigkeit sind. Alles, was er sagt, sollte kurz und knapp sein. Für umständliche Erklärungen ist keine Zeit. Und er sollte so locker und spritzig wie möglich erzählen. Das ist fernsehgerecht.

Persönliche Geschichten

Schön ist, dass Dr. Fahrenkamp beginnt, eine persönliche Geschichte zu erzählen. Das sollte er im Verlauf des Gesprächs noch mehrmals tun, also etwa auch beschreiben, wie es im St.-John-Hospital im OP zuging, was er dort gemacht und wie er sich dabei gefühlt hat. So bringt er Farbe in seine Schilderung. Er sollte möglichst konkret und dabei nicht zu weitschweifig erzählen, was er erlebt hat. Gut, wenn er dabei Namen nennt, zum Beispiel den von Dr. Thomson. Denn das lässt die Schilderung noch einmal persönlicher wirken. Er hätte auch einen Satz wie »Ich habe gestern noch mit ihm telefoniert« hinzufügen können, um es noch lebendiger zu machen.

Je emotionaler der Bericht des Studiogastes ist, desto besser. Dass Dr. Fahrenkamp betroffen und gleichzeitig beeindruckt von seinem ersten Besuch in Sambia war, das Ereignis sein Leben verändert hat und ihm klar wurde, etwas tun zu müssen – alles das spricht den Zuschauer auf der Gefühlsebene an und bietet ihm Identifikationsmöglichkeiten. Geschickt ist es, dabei ab und zu interessante Zahlen oder Fakten einzustreuen, hier zum Beispiel die Angabe der Ärztedichte. So liefert Dr. Fahrenkamp gleichzeitig Argumente, warum die Öffentlichkeit sein Anliegen unterstützen soll.

Ein Studiogast sollte in kurzen und klaren Sätzen sprechen. Er muss aufpassen, keine Monologe zu halten und immer wieder Pausen für die Fragen der Moderatorin zu lassen. Wenn er das vergisst, wird die Moderatorin ungeduldig werden und ihm das Wort abschneiden. Auch das Gesprächsklima leidet dann, weil der Studiogast der Moderatorin nicht genügend Raum für »ihren« Auftritt lässt. Auf der körpersprachlichen Ebene ist wichtig, dass der Gast entspannt steht (mit Spielbein und Standbein) sowie ruhig und gleichmäßig atmet. *Mein Tipp: Vergessen Sie einfach die Welt um sich herum und stellen Sie sich vor, Sie unterhielten sich gerade nur mit dieser Moderatorin oder diesem Moderator.*

Noch einmal die Frage: Kann man hier überhaupt authentisch auftreten? Ja, ich meine, man kann es – trotz aller nötigen Abstriche. Das ist allerdings an bestimmte Voraussetzungen geknüpft. Als einfache Regel darf gelten: Je besser Sie sich selbst kennen und je besser Sie das jeweilige Medium kennen, desto authentischer können Sie in diesem Medium erscheinen.

Persönlichkeit

Umgekehrt gilt: Je schlechter Sie sich kennen, je schwächer ausgeprägt Ihre Persönlichkeit ist, desto schneller wird aus Ihnen in den Medien eine künstliche Persönlichkeit, die von anderen beherrscht wird. Je mehr Standing Sie als Persönlichkeit haben, desto authentischer kommen Sie also rüber. Erfahrene Medienmacher spüren intuitiv, mit wem sie es zu tun haben. Mit dem einen »können sie es machen« – mit dem anderen eher nicht. So sind starke, eigensinnige Persönlichkeiten mit Ecken und Kanten, wie beispielsweise Bundespräsident Horst Köhler, für Fernsehmacher ein harter Brocken. Solche Menschen lassen sich kaum nach den Vorstellungen der Medienleute inszenieren. Dagegen ist der zappelige 17-jährige Schüler aus Niederbayern, der von einer Karriere als Popstar träumt, wie Knetgummi in den Fingern der TV-Macher.

Neben Ihrer Erfahrung mit einem bestimmten Medium kommt es immer auch auf Ihren Persönlichkeitstyp und die Natur Ihrer »Botschaft« an, ob Sie mit dem Medium glücklich werden. Fernsehen ist Unterhaltung. Auch Formate, die offiziell als »Information« daherkommen, zum Beispiel Nachrichtensendungen, werden letztlich als Unterhaltung aufgezogen und auch so konsumiert. Alle, deren Beruf ohnehin Entertainment ist, sind demnach im Fernsehen bestens aufgehoben. Bei den anderen ist der Unterhaltungswert entscheidend. Wer im weitesten Sinn zur »Society« gehört, ist zum Beispiel immer unterhaltsam.

Ärzte sind ebenfalls im Fernsehen sehr beliebt. Sie sind der angesehenste Berufsstand – anerkannte Experten, mit denen man sich gern schmückt.

Dr. Fahrenkamp sollte bei seinem Fernsehauftritt also nüchtern abwägen, ob er bereit ist, sich für eine Unterhaltungssendung herzugeben, und was er als Gegenleistung dafür bekommt. Tatsächlich nutzt er seinen Fernsehauftritt sehr gut. Er gibt sich authentisch und versteht es, Menschen mit seinem Engagement für Afrika emotional zu berühren. Es ist keine Seltenheit, dass sich Zuschauer nach solchen Auftritten spontan telefonisch oder per E-Mail beim Sender melden und zu Spenden bereit erklären. Dr. Fahrenkamp kennt sich selbst gut. Er weiß, was er beruflich darstellt, was seine Ziele sind und worin seine Stärken und Schwächen bestehen. Er braucht deshalb auch keine Angst zu haben, in den Medien etwas von seiner Persönlichkeit preiszugeben. Je klarer jemand weiß, wer er ist, desto besser kann er auswählen, welche Angebote von Medien für ihn effektiv sind und wo er nur benutzt wird.

Ein Arzt hätte beispielsweise keine Chance, in einer Nachmittagstalkshow, in der das Prinzip Krawall gilt, seriös auf ein medizinisches Anliegen einzugehen. Ich habe einmal den Auftritt einer Diakonie-Leiterin in einer Nachmittagstalkshow mit dem Thema »Mein Mann kauft im Sexshop« mitbekommen. Es war vor vornherein klar, dass sie hier als Witzfigur verheizt werden würde. Die ledige Dame war in dieser Sendung völlig fehl am Platz und hätte das wissen müssen.

Eine große Hürde sind die vorgefertigten Meinungen der Journalisten. Nicht immer finden Sie mit Ihrer Sicht der Dinge überhaupt Gehör. Einmal haben wir eine Beraterin aus unserem Netzwerk als Gast zum Fernsehen vermittelt. Vor der Kamera bekam sie dann von der Redakteurin immer wieder mehr oder weniger die gleiche Frage gestellt, mit der erwarteten passenden Antwort, so lange, bis sie dann endlich »richtig« antwortete. Hier wurde ein Akteur nur für die Zwecke der Redaktion benutzt.

Schließlich kann es sogar passieren, dass Sie zwar vor der Kamera das Gefühl haben, alles zu sagen, was Sie denken – aber wenn Sie dann am Schluss den fertigen Beitrag sehen, wurde Ihre Aussage durch die Montage, durch dazwischengeschnittene Kommentare oder durch einmontierte Bilder geradezu ins Gegenteil verkehrt. Gegen so etwas sind Sie vollkommen machtlos.

Unter bestimmten Voraussetzungen würde ich Ihnen von einem Fernsehauftritt sogar gänzlich abraten. Beispielsweise wenn Sie schwierige Sachverhalte und komplizierte Zusammenhänge darstellen müssen. Auch wenn Sie Wert auf Differenzierung legen und nicht einseitig polarisieren möchten, schreiben Sie besser ein Buch oder einen längeren Artikel. Schwierig für das Fernsehen sind die Themen Glaube und Spiritualität, Philosophie und Lebenssinn sowie alles, was mit gravierenden innermenschlichen Konflikten zu tun hat, weil meist die Differenzierung fehlt. Dabei kommt es auch auf die Form an. In einer Reportage über 30 Minuten lässt sich ein Thema anders darstellen als in einem Nachrichtenbeitrag über 90 Sekunden.

Radio

Und was ist mit den übrigen Massenmedien? Das Radio ist etwas entspannter als das Fernsehen. Es ist auch deutlich weniger emotional in seiner Wirkung. Dafür muss hier tendenziell alles noch kürzer und knapper sein. Formate der öffentlich-rechtlichen Kultursender, die einem Gast fast eine ganze Stunde Redezeit geben, sind die große Ausnahme. Im Übrigen gilt der Spruch: »Sie dürfen über alles reden, nur nicht über einsdreißig.« 90 Sekunden sind also Standard für einen Radiobeitrag, drei Minuten schon eine Ewigkeit.

Klar, dass im Radio zu 100 Prozent Ihre Stimme zählt. Eine deutliche Aussprache und eine angenehme Sprachmelodie sind hier der Schlüssel zum Erfolg. Versuchen Sie am besten, während des Sprechens zu lächeln. Das sieht zwar keiner, wirkt sich aber positiv auf Ihre Sprechweise aus. Hörfunkjournalisten führen zu 90 Prozent Telefoninterviews. Am besten telefonieren Sie mit dem Interviewer in einem kleinen, ruhigen Raum und verwenden ein Telefon mit Schnur. Ich würde Ihnen immer empfehlen, um Aufzeichnung zu bitten und nicht live in der Sendung zu sprechen.

Printmedien

Für alle Printmedien, also Zeitungen, Zeitschriften und Magazine, gilt schließlich die Grundregel: Nichts wird so gedruckt, wie es gesagt wurde. Egal, ob Sie einen Beitrag selbst verfasst haben oder (in der Regel telefonisch) interviewt worden sind – immer haben Sie es mit einer Redaktion zu tun, die Ihre Worte »veröffentlichungsreif« macht. *Ganz wichtig ist deshalb die Freigabe Ihres Textes, auch Autorisierung genannt. Lassen Sie sich kurz vor der Veröffentlichung den Text noch einmal so vorlegen, wie er in dem Medium erscheinen soll.* Am schnellsten geht das heute per E-Mail. Prüfen Sie jede Aussage sorgfältig, und geben Sie, wenn Sie einverstanden sind, Ihre Zustimmung zu diesem (und nur diesem) Text.

Die redaktionelle Bearbeitung sollten Sie aber nicht als unangenehmen Eingriff, sondern als Entlastung sehen. Sie brauchen weder fehlerfrei zu schreiben noch zu reden wie gedruckt. Alles wird am Ende noch einmal aufbereitet und geglättet. Insgesamt können Sie sich in Printmedien am differenziertesten und mit der größten fachlichen Tiefe äußern. Zumindest bei längeren Beiträgen beschäftigt sich der Leser intensiver mit Ihrem Thema als ein Fernsehzuschauer. Außerdem werden Beiträge in Printmedien häufig auch online zugänglich gemacht und sind dann noch jahrelang für jeden am Thema Interessierten über Suchmaschinen auffindbar.

Ihr persönlicher Kanal: Was für ein Medientyp sind Sie?

In welchem Medium Sie vorteilhaft wirken, hängt von Ihrer Persönlichkeit und Ihrem Anliegen ab. Hier finden Sie die »Idealbesetzungen« für drei wichtige Medien. In der Praxis gibt es natürlich viele Mischungen.

* Fernsehen: Sie sind extrovertiert, mögen Ihr Äußeres und stehen gern im Mittelpunkt. Sie sind spritzig und bleiben auch unter Stress entspannt. Ihre Botschaft ist einfach und ohne Erklärungen verständlich. Sie mögen es, zu polarisieren und Emotionen zu wecken.

* Radio: Sie sind schlagfertig und können Dinge schnell und präzise auf den Punkt bringen. Sie sprechen klar, flüssig, dialektfrei und ohne »Ähs«. Ihre Botschaft ist eingängig, und Sie können Ihr Anliegen mit einer bilderreichen Sprache veranschaulichen.
* Print: Sie sind ein eher introvertierter und rationaler Typ. Sie möchten Themen möglichst differenziert darstellen. Emotionen zu wecken ist Ihnen nicht so wichtig. Sie sind Teamplayer und können sich auch mit Worten identifizieren, die andere Ihnen in den Mund legen.

Egal, mit welchen Medien Sie zu tun haben und wie Sie sich präsentieren möchten – immer hilft es, an seiner Persönlichkeit zu arbeiten. Wer authentisch ist, der hat es überall leichter. Aber wie wird man authentisch?

Meine persönliche Antwort auf diese Frage lautet: *Identität wächst, wenn ich mich regelmäßig mit mir selbst beschäftige. Irgendwann entdecke ich dann meine Geschichte.* Ich fange an, mich mit meiner Biographie zu befassen: Welche Zusammenhänge erkenne ich da? Welche Schlüsselerlebnisse hatte ich, die mich nachhaltig geprägt haben? Was wiederholt sich immer wieder? Wo lagen »schon immer« meine Stärken?

Herkunftsfamilie

Hier lohnt es sich auch, sich mit der Herkunftsfamilie und deren Geschichte zu beschäftigen. Es zeigt sich immer wieder, wie sehr das familiäre Erbe prägt. Aus welcher Schicht meine Familie stammt, spielt eine Rolle – und ich sollte diese Herkunft auch dann akzeptieren, wenn mir heute eine andere lieber wäre.

Aufschlussreich ist auch, ob es in der Familie Vorfahren gab, die besondere Talente hatten – musische, sportliche oder wissenschaftliche Begabungen. Und noch eine Frage ist interessant: Was haben die Großeltern gemacht? Oft ist es verblüffend, wie viel mehr man von den Großeltern hat als von den eigenen Eltern.

Um über solche und ähnliche Fragen nachzudenken, nehme ich mir dreimal im Jahr für zwei Tage eine Auszeit. Es sind meine »kreativen Traumtage« – Tage der Stille, an denen ich zur Ruhe komme, mein Tagebuch studiere und über die letzten Monate nachdenke. Ich frage mich, wo ich stehe, und versuche, meine Position zu bestimmen. Das Tagebuch hilft mir dabei sehr. Identität wächst durch Vergleichen. Ich darf mich bloß nicht mit anderen vergleichen, sondern muss mich selbst in einem früheren Zustand betrachten. Wie habe ich mich in der letzten Zeit entwickelt? Wo bin ich weitergekommen, und wo trete ich auf der Stelle?

VERGANGENHEITSBEWÄLTIGUNG

So abgegriffen das Wort klingt – Vergangenheitsbewältigung ist hier ganz wichtig. Immer wieder zeigt sich, dass Ereignisse aus der Vergangenheit mich belasten und hemmen. Da gibt es unzählige Wunden, Verletzungen und Enttäuschungen, die ich erst mal weggeschoben habe. Wenn sie wieder hochkommen, sollte ich es zulassen, damit ich diese Dinge aufarbeiten kann. Natürlich ist es schwierig, alles mit sich selbst auszumachen. *Die Bereitschaft, sich von einem Coach oder Therapeuten helfen zu lassen, ist deshalb ganz wichtig.* Ein Außenstehender kann auch die Muster und Wiederholungstendenzen erkennen, für die ich vielleicht selbst längst blind bin.

Ich finde es auch sehr wichtig, sich einmal hinzusetzen und seine Werte aufzuschreiben. Was ist mir wichtig? Wofür lebe ich und wofür möchte ich bei anderen bekannt sein? Eine sehr schöne Übung hierzu ist, sich zu überlegen, was die besten Freunde an meinem 70. Geburtstag über mich sagen sollten. In diesem Alter hält man bereits Rückschau auf fast ein ganzes Leben. Wie möchte ich dann dastehen? Starke Persönlichkeiten haben irgendwann Frieden geschlossen – mit sich, ihrer sozialen Herkunft, ihren Eltern und Großeltern, ihren Verletzungen, ihren Schwächen. Sie stehen zu ihrer Vergangenheit und gehen gern mit sich selbst um.

17:00 Uhr

»Meine Damen und Herren, in Kürze erreichen wir Göttingen.«

Reisen und wie man sich unterwegs benimmt

Bahnreisen | »Distanzzonen« | Flugreisen | Ärger unterwegs | Öffentlicher Nahverkehr | Taxi | Trinkgeld

»Meine Damen und Herren, in Kürze erreichen wir Göttingen«, schallt es aus den Lautsprechern. »Sie haben dort Anschluss an einen Regionalexpress nach Uelzen über Hannover Hauptbahnhof, planmäßige Abfahrt 17.07 Uhr von Gleis 7.«

Felicitas Fahrenkamp lehnt sich in ihrem dunkelroten Sessel zurück und beobachtet Felix und Florian auf der anderen Seite des Tisches. Florian nuckelt verträumt an einem Glas Apfelsaft, das der Kundenbetreuer kurz zuvor serviert hat.

»Mama, warum fährt denn Papa nicht mit uns?«, fragt Felix.

»Papa war doch beim Fernsehen«, antwortet Felicitas Fahrenkamp. »Der schafft es jetzt nur noch mit dem Flugzeug nach Berlin.«

In der Sitzreihe hinter Felicitas Fahrenkamp ertönt die Melodie »Der rosarote Panther«. Kurz darauf ist eine kräftige Männerstimme zu hören: »Ja? … Was? … Das Angebot ist gestern raus. … Nein! … Rabat ist eine Stadt in Marokko. … Ich glaub', ich spinne! … Mehr als fünf Prozent gibt's aber nicht. … Was? … Hab' ich denen doch gesagt …«

»Mama, warum ist denn der Mann so böse?«, fragt Florian.

»Auaaa!«, schreit da eine Dame um die 60 auf einem Einzelplatz schräg gegenüber. Sie zieht die Blicke der beiden Jungen auf sich, noch bevor deren Mutter antworten kann. »Können Sie nicht aufpassen?«, herrscht die Dame einen jungen Mann im Businessanzug an, der eben mit einem Trolley hinter sich an ihr vorbeigezogen ist.

»Ist mir furchtbar peinlich«, versucht der junge Mann zu beschwichtigen.

Während die Dame noch den Kopf schüttelt, springt Florian von seinem Platz auf. Da der Zug gerade bremst, fällt das noch halb volle Glas vor ihm um. Aber Florian läuft schon neugierig dem jungen Mann hinterher. Bis er die Automatiktür entdeckt und lachend hin und her springt, um sie zu bewegen.

»Ist doch gar nicht schlimm«, sagt der Zugbegleiter fünf Minuten später freundlich aufmunternd zu Felicitas Fahrenkamp. »Ich habe gleich ein neues Glas Apfelsaft mitgebracht.«

Mit einem feuchten Tuch wischt er die Reste des Apfelsafts vom Tisch, nachdem Florians Mutter die Flut bereits mit Papiertaschentüchern eingedämmt hatte.
»Sie sind wirklich sehr freundlich«, sagt Felicitas Fahrenkamp. »Was bekommen Sie für den zweiten Saft?«
»Ach, lassen Sie nur«, sagt der Kundenbetreuer lächelnd. »Schauen Sie lieber mal, dass Ihnen Ihr Kleiner nicht ausbüchst.«
Als sie sich umdreht, bemerkt Felicitas Fahrenkamp leicht erschrocken, dass Florian den Großraumwagen verlassen hat. Sofort läuft sie in den nächsten Wagen. Dort sieht sie ihren Sohn neugierig in ein Abteil schauen. Darin sitzt ein Mann um die 40 am Fenster und liest das Feuilleton der FAZ. Der Rest der Zeitung liegt zusammen mit dem »Spiegel« und seinem Handy auf dem Platz neben ihm. Auf die Plätze gegenüber hat er links seine Laptoptasche und rechts sein Jackett gelegt.
»Komm, Flori«, sagt Felicitas Fahrenkamp schmunzelnd zu ihrem Sohn. »Du siehst ja, dass in dem Abteil nichts mehr frei ist.«

Wir leben in einer mobilen Gesellschaft, in der viele schon aus beruflichen Gründen häufig unterwegs sein müssen. Ich gehöre auch dazu. Und wenn ich mich selbst und andere beobachte, dann fällt mir auf, dass jeder so seinen eigenen Reisestil hat. Dazu gehört, dass unterschiedliche Menschen sich auf jeweils andere Weise am wohlsten fühlen. Reisestil

Völlig stressfreies Reisen gibt es sowieso nicht. Es ist eine Typfrage, welche Art von Stress wir eher tolerieren können. Der eine fühlt sich auch dann noch »selbstbestimmt«, wenn er mit dem Auto im Stau festsitzt; der andere genießt es, im ICE die Augen schließen zu können, auch wenn ihn die ständigen Durchsagen aller möglichen Anschlusszüge immer wieder aus dem Entspannungszustand holen.

Ich persönlich reise am liebsten mit der Bahn. Da komme ich entspannt an und kann unterwegs lesen oder immer wieder interessante Menschen kennenlernen. Und wenn ich auch nicht allzu »grün« bin, ist es mir doch wichtig, mit dem umweltfreundlichsten Verkehrsmittel unterwegs zu sein. Meine Frau dagegen mag Bahnfahrten überhaupt nicht. Sie sitzt lieber sechs Stunden im Auto als eine Stunde im Zug. Ihr ist es so nun mal lieber, und sie kommt genauso fit an wie ich.

Bahn

Wenn Sie mit der Bahn verreisen, brauchen Sie ein wenig Planung, um entspannt unterwegs sein zu können. Dabei ist das Internet heute eine große Hilfe. Sie können viele Fahrplanvarianten in Ruhe durchspielen und sich dann Ihr Ticket entweder selbst ausdrucken oder kostenlos zusenden lassen. So funktioniert es zumindest bei der Bahn in Deutschland. Reservieren würde ich auf längeren Strecken unbedingt. Den Platz wechseln können Sie im Zug immer noch, da meist die Reservierungsanzeige nach einiger Zeit erlischt.

Felicitas Fahrenkamp fährt am Freitagnachmittag mit dem ICE von Frankfurt nach Berlin. Freitage und Sonntage sind die schlechtesten Reisetage, denn da ist es meistens sehr voll. Wenn Sie es nicht vermeiden können, an einem dieser Tage zu fahren, stellen Sie sich am besten innerlich auf etwas mehr Stress ein. Dann sind Sie auch nicht sofort genervt, wenn es mal eng wird.

Oft lohnt sich der Aufpreis für die erste Klasse, schon weil das größere Platzangebot die Reisenden einfach entspannter macht. Manchmal ist sie in der Praxis auch gar nicht teurer als die zweite, wenn nämlich für die erste Klasse noch Sparpreis-Tickets erhältlich sind, während das Kontingent für die zweite Klasse erschöpft ist. Hin und wieder, etwa zu Messezeiten, werden Sie aber auch eine überfüllte erste Klasse erleben und haben dafür in der zweiten sehr viel Platz. *Am besten tritt man eine Bahnfahrt nicht mit übertrieben hohen Erwartungen an. Dann bleibt man entspannt, auch wenn mal nicht alles so läuft wie gedacht.*

Nach einem alten Spruch sind das Einzige, was den Autofahrer stört, die anderen Autofahrer. Auch beim Bahnfahren dürften die Mitreisenden für die allermeisten Menschen der größte »Störfaktor« sein. Psychologisch betrachtet haben wir es hier vor allem mit einem Problem der sogenannten »Distanzzonen« zu tun. Man unterscheidet im mitmenschlichen Umgang zwischen der »intimen«, der »persönlichen« und der »gesellschaftlichen Distanzzone«.

»intime Distanzzone«

Die »intime Distanzzone« beträgt bis zu 50 Zentimeter um den eigenen Körper. Sie ist für fremde Menschen eigentlich tabu, denn wir empfinden es als unangenehm, wenn uns ein Fremder dermaßen »auf die Pelle rückt«. Im Zug (genauso aber auch im Flugzeug) lässt es sich nun aber selten vermeiden, in die intime Distanzzone eines anderen einzudringen, weil sehr oft Fremde auf zwei Sitzplätzen nebeneinander sitzen müssen. Hier sind Höflichkeit und größtmögliche Rücksichtnahme gefragt. Dann ist die Situation auch kein Problem.

So sollten Sie stets fragen: »Ist hier noch frei?«, bevor Sie sich unmittelbar neben jemanden setzen. Aber auch wenn dieser Platz für Sie reserviert ist, ändert das nichts daran, dass Sie den anderen jetzt stören. Also sagen Sie freundlich »Guten Tag« und vielleicht in netter Form, dass dies Ihr Platz ist. Es ist ziemlich unangenehm, wenn sich jemand wortlos neben einen »hinhaut«. Sitzen Sie neben einem Fremden, dann verhalten Sie sich während dieser Zeit möglichst respektvoll. Es ist unhöflich, die Zeitung des Nachbarn mitzulesen oder neugierig zu begutachten, was dieser auf dem Computerbildschirm hat. Und wenn der andere gerade gar nichts macht, beginnen Sie vielleicht einfach einen netten Smalltalk. Ich führe immer wieder superinteressante Gespräche im Zug. Und ich meine nicht über mein Handy! Telefonieren unmittelbar neben einem Fremden wäre für mich absolut undenkbar.

Schlimm ist auch der Streit um reservierte Plätze, den ich immer wieder mal mitbekomme. »Entschuldigung, das ist mein Platz!«, heißt es dann gebieterisch. Abgesehen davon, dass das Reservierungssystem der Bahn (in seltenen Fällen) auch einmal Fehler macht und Plätze doppelt oder im falschen Wagen vergibt, sollte man sich in einer solchen Situation immer freundlich um Aufklärung bemühen, statt verbohrt auf seinem vermeintlichen Recht zu beharren. Vielleicht ist ja sogar noch ein anderer Platz frei, der einem viel mehr zusagt als der reservierte. Hier ist die Suche nach einer pragmatischen Lösung angesagt, um andere nicht zu brüskieren.

»Persönliche Distanzzone«

In der »persönlichen Distanzzone«, die etwa 50 Zentimeter bis einen Meter um den eigenen Körper verläuft, ist die Situation nicht ganz so prekär wie in der Intimzone. Aber auch hier sollte man gegenüber Fremden besonders umsichtig agieren. Einmal saß ich an einem Vierertisch im ICE und eine junge Frau hatte einen Riesenrucksack so unter dem Tisch plaziert, dass er meine Beinfreiheit extrem einschränkte. Höflich fragte ich: »Darf ich den Rucksack etwas auf die Seite stellen?« Und bekam zur Antwort: »Nein, lassen Sie den bitte stehen!«

So geht es doch wirklich nicht. Fahrgäste sind wie alle Gäste untereinander gleichberechtigt und sollten sich nicht auf Kosten anderer »breitmachen«. *Immer, wenn etwas die persönliche Distanzzone des anderen betrifft, sollten Sie fragen, ob er einverstanden ist und es ihm nichts ausmacht.* So würde ich zum Beispiel niemals die Beine hochlegen, ohne den daneben Sitzenden um Erlaubnis zu fragen.

»Gesellschaftliche Distanzzone«

Die »gesellschaftliche Distanzzone« liegt schließlich etwa ein bis zwei Meter um den Körper. Hierzu zählen aber beispielsweise auch ein komplettes Zugabteil oder der Innenraum eines Taxis, wenn ich mich darin befinde. Hier gilt es, gut zu beobachten, wen ich mit meinem Verhalten eventuell stören könnte. Extrem rücksichtslos verhält sich der Handytelefonierer in der Sitzreihe hinter Felicitas Fahrenkamp. 30 bis 50 Leute müssen seine geschäftlichen Verhandlungen mit anhören. Und das nervt besonders, weil man nur die eine Seite des Gesprächs mitbekommt. Ich weiß, dass es in den ICEs der Deutschen Bahn Sitzplätze gibt, die eigens für den Handyempfang optimiert sind. Trotzdem würde ich im Zug möglichst gar nicht telefonieren. Und wenn, dann aufstehen und mich in den Einstiegsbereich an den Türen zurückziehen, wo ich niemanden störe. Auch würde ich allen, die gemeinsam mit anderen reisen, empfehlen, sich sowohl im Abteil als auch im Großraumwagen nur in gedämpftem Ton zu unterhalten. Es ist sehr störend, laute Gespräche von anderen mithören zu müssen.

Völlig überzogen auf eine Störung reagiert aber die Dame, die der junge Mann mit seinem Rollkoffer gestreift hat. Kleine Rempeleien sind Alltag in Verkehrsmitteln und lassen sich nicht immer vermeiden. Außerdem machen manche sich auch unnötig breit und denken nicht daran, anderen Platz zu machen. Hier sollte man sich höflich entschuldigen, wenn man jemanden belästigt hat. Aber der andere sollte ebenfalls tolerant und nachsichtig sein. Da bricht sich niemand einen Zacken aus der Krone.

Auch so eine Geschichte wie die mit dem umgestoßenen Saftglas passiert halt auf Reisen einmal. Hier ist keine »Schuldfrage« zu klären, sondern Schadensbegrenzung gefragt. Der Kundenbetreuer in unserer Szene weiß das und reagiert überaus freundlich und souverän. Und der im Zug spielende Florian? »Guck mal, ob das jemanden stört«, hätte Felicitas Fahrenkamp ihren Sohn bitten können. Stört es niemanden, ist es auch okay.

Haben Sie im Zugabteil (oder auch in der S-Bahn) schon einmal gesehen, wie manche Menschen »ihr Revier markieren«, indem sie alle Plätze um sich herum sichtbar mit ihren Sachen belegen? Ich beobachte das in der letzten Zeit häufiger. Ethnologen können dieses Verhalten sicher gut erklären, aber es ist trotzdem sehr unhöflich. Hier signalisiert jemand allen: »Das ist mein Reich, hier kommt mir keiner hin!« Da gehört schon Zivilcourage dazu, auf den Betreffenden zuzugehen und zu fragen: »Bei Ihnen ist doch noch Platz, darf ich mich hier hinsetzen?« Ich würde dennoch empfehlen, dieses »Revierverhalten« nicht einfach zu akzeptieren.

Ich habe für diesen Ratgeber einige der heikelsten Situationen beim Bahnfahren aneinandergereiht, um Ihnen Tipps für rücksichtsvolles Verhalten geben zu können. Eine typische Bahnfahrt läuft natürlich nicht so ab, wie hier geschildert, genauso wenig wie Autofahren nur aus Staus und Unfällen besteht. Im Gegenteil, ich erlebe auf Bahnreisen immer wieder sehr viel Umsicht und Hilfsbereitschaft. Und auch die Kundenbetreuer der Deutschen Bahn möchte ich an dieser Stelle einmal ausdrücklich loben. Sie sind inzwischen hervorragend ausgebildet und besitzen in der Regel sehr gute Umgangsformen.

17:47 Uhr. Unterwegs mit dem Flugzeug

Minutenlang war Dr. Clemens Fahrenkamp unentschlossen in einem Parkhaus des Frankfurter Flughafens herumgekurvt. Selten hatte er sich innerlich so leer gefühlt wie nach seinem Fernsehauftritt. Schließlich hat er sein Auto kurzerhand auf einem Stellplatz für Kurzparker abgestellt. »Wie erkläre ich das Felicitas?«, murmelt er nun schuldbewusst vor sich hin, als er in der Schlange vor dem Lufthansa-Schalter steht. »120 Euro Parkgebühr pro Tag. Wahnsinn.«

»Guten Tag, Ihr Ticket bitte«, holt ihn da die Mitarbeiterin der Fluggesellschaft aus seinen Gedanken. Dr. Fahrenkamp überreicht einen Computerausdruck auf DIN-A4-Papier, den er im Reisebüro bekommen hat.

»Das ist ein E-Ticket. Damit müssen Sie zum Automaten gehen und diese Nummer eingeben«, erklärt ihm die Dame freundlich lächelnd.

Eine halbe Stunde später steht Dr. Fahrenkamp an einem anderen Schalter und ist genervt. »Erst habe ich mich am Abflugschalter angestellt«, berichtet er dem blau uniformierten Mitarbeiter hinter dem Tresen ungeduldig. »Dann heißt es, gehen Sie zum Automaten. Dann sagt der Automat: Gehen Sie zum Schalter. Also stelle ich mich da wieder an. Dann heißt es am Schalter, mein Ticket sei ungültig! Jetzt schaffe ich es auch längst nicht mehr mit dem ICE nach Berlin. Aber ich sehe nicht ein, warum ich 550 Euro für ein neues Ticket zahlen soll. Ich habe schon 500 Euro für dieses bezahlt, und Datum und Abflugzeit sind korrekt.«

»Das ist nicht unser Problem«, entgegnet der Lufthansa-Mitarbeiter kühl. »Ich habe mit dem Supervisor gesprochen. Ihr Ticket ist ungültig. Mehr, als Ihnen ein neues Ticket anzubieten, kann ich nicht für Sie tun.«

Wütend und außer Atem erreicht Dr. Fahrenkamp über eine menschenleere Teleskopbrücke den Eingang des Airbus. »Guten Abend«, begrüßt ihn eine blonde Flugbegleiterin freundlich lächelnd, »Ihr Platz ist der letzte freie in der hintersten Reihe. Und wenn Sie sich bitte etwas beeilen würden, vielen Dank.«

Als Dr. Fahrenkamp die Gepäckfächer über den letzten Sitzreihen öffnet, sieht er, dass sie bereits voll sind. »Ist das Ihre Tasche?«, fragt er seinen Sitznachbarn, einen grauhaarigen, asketischen Herrn im grauen Anzug mit Einstecktuch. Dieser blickt kurz auf, grummelt etwas Unverständliches und wendet sich dann wieder der »Financial Times Deutschland« zu.

Schließlich legt Dr. Fahrenkamp seine Jacke in das Fach, schiebt sein Bordcase unter den Sitz und setzt sich auf seinen Platz zwischen dem Zeitungsleser und einem übergewichtigen Herrn im karierten Freizeithemd, dessen Schultern die Sitzbreite um einige Zentimeter überragen.

»So eine Scheiße«, murmelt Dr. Fahrenkamp leise.

Da bewegt der Vordermann seinen Sitz mit Schwung nach hinten, bis er an die Knie von Dr. Fahrenkamp stößt.

Flugreisen

Unter Businessleuten gelten Flugreisen als das Nonplusultra der Fortbewegung. Mag die zu bewältigende Strecke auch nur wenige hundert Kilometer betragen – Hauptsache, man sitzt im »Flieger« und das Konto des Vielfliegerprogramms füllt sich mit den begehrten Bonuspunkten. Ich habe im Laufe der Jahre feststellen müssen, wie sehr hier oft Prestigedenken den nüchternen Blick auf die Tatsachen verstellt. Inzwischen verzichte ich praktisch komplett auf Inlandsflüge. Nicht nur aus ökologischen Gründen, sondern auch, weil sich der vermeintliche Zeitvorteil meist als Illusion entpuppt. Man ist zwar nur eine Stunde in der Luft, aber die Anreise zum Flughafen, das Parken, das Anstehen für die Bordkarte, die immer aufwendigeren Sicherheitskontrollen, das ständige Warten und die vielen kleinen Verzögerungen, mit denen man nicht gerechnet hat, kosten Zeit und Nerven.

Kulanz

Nicht zuletzt sind es auch Vorfälle wie der mit dem »ungültigen« Ticket, die bei mir die Illusion vom Fliegen als exklusivem Reiseerlebnis für gehobene Ansprüche zerstört haben. Diese Geschichte habe ich am Frankfurter Flughafen exakt so erlebt. Und die Auskunft des Lufthansa-Mitarbeiters »Das ist nicht unser Problem« ist ein wörtliches Zitat. Ich habe mich über diesen Mangel an Kulanz damals sehr geärgert. Schlussendlich stellte sich heraus, dass mein Reisebüro irgendeinen Eingabefehler gemacht hatte, der dazu führte, dass der Computer der Lufthansa mich als *no show* (nicht zum Abflug erschienener Fluggast) ansah.

Aber Tatsache blieb ja dennoch, dass für den Flug 500 Euro von meinem Konto auf das Konto der Lufthansa gewandert waren. Sich auf den Standpunkt zu stellen, es sei ausschließlich mein Problem, ob ich dafür eine Gegenleistung bekomme, fand ich schon ein starkes Stück. Zähneknirschend zahlte ich weitere 550 Euro (für ein einfaches Economy-Ticket), beschloss aber bald darauf, mir solch einen Stress nicht mehr regelmäßig anzutun.

Umgangsformen auf Reisen ist eben ein Thema, das nicht nur die Reisenden untereinander betrifft. Ich finde, wer bei einem Verkehrsunternehmen arbeitet, sollte berücksichtigen, dass Reisende unterwegs oft unter Stress stehen, und darauf mit besonderer Rücksichtnahme und Kulanz reagieren. Wenn ich mir vorstelle, die Sache mit dem »ungültigen« Ticket wäre mir auf einem fernen Kontinent passiert und ich hätte dort festgesessen – ein Alptraum.

Im Übrigen gilt bei Flugreisen mehr oder weniger das Gleiche wie für Bahnreisen. Die Mitreisenden kommen einander näher, als ihnen lieb ist, und sollten deshalb besonders umsichtig und respektvoll miteinander umgehen. Das Problem der Distanzzonen verschärft sich hier noch, weil es im Flugzeug wesentlich enger zugeht als im Zug. Auch wo jeder seinen festen Platz hat, ist es schön, wenn die Sitznachbarn einander begrüßen. Und darüber, wie der Platz in den Staufächern am besten zu nutzen ist, kann man sich untereinander abstimmen. Wenn der Erste sein Gepäck ausbreitet und die anderen in die Röhre gucken lässt, ist das jedenfalls nicht sehr rücksichtsvoll.

Der Mittelplatz ist im Flugzeug immer besonders unangenehm. Ist es nicht so voll, geben sich die Fluggesellschaften Mühe, möglichst viele Fenster- und Gangplätze zu vergeben. Manchmal ist eine Maschine aber auch komplett ausgebucht, und dann müssen Fluggäste in der Mitte sitzen. Schön ist es, wenn die beiden außen Sitzenden dann von sich aus darauf achten, dem Passagier in der Mitte genügend Platz zu lassen. Rutscht man auf dem eigenen Sitz nur ein kleines bisschen nach außen, kann der Mann oder die Frau in der Mitte schon aufatmen.

Wo es eng ist, da ist es für alle unangenehm. Gibt man sich kommunikativ, wechselt ein paar Worte und fragt höflich um Erlaubnis, bevor man den anderen stört, wird es gleich viel entspannter. Wie überall muss man eigentlich nur ein wenig die Augen offen halten und sich in die Lage des anderen hineinversetzen, dann klappt es auch. Im Flugzeug vergessen dabei leider viele ihren Hintermann. Wer ruckartig mit der Sitzlehne zurückfährt, kann ihn nicht nur vor die Knie stoßen, sondern ihm auch noch sein Getränk über die Hose schütten. Sich mal eben kurz aufzurichten, umzudrehen und zu fragen: »Darf ich mit dem Sitz zurückgehen?«, ist doch nicht schwierig, oder?

18:50 Uhr. Öffentlicher Nahverkehr

»Jetzt müssen wir mal schauen, wo die S-Bahn fährt«, sagt Felicitas Fahrenkamp zu ihren Kindern, als sie mit einem Rollkoffer und ihrem Kleidersack auf dem Bahnsteig des Hauptbahnhofs steht. Die Sonne scheint noch hell durch das Glasdach, und es wimmelt von Menschen mit Rucksäcken, Taschen und Koffern.

»Ich will aber Taxi fahren!«, quengelt Felix.

»Es ist doch nur eine S-Bahn-Station bis zur Friedrichstraße«, meint Felicitas Fahrenkamp. »Das ›Hotel de Rome‹ muss da ganz in der Nähe sein. Wenn es uns zu weit ist, können wir immer noch ein Taxi ranwinken. Es wimmelt ja vor Taxis in Berlin.«

»Da ist die S-Bahn!«, ruft Florian und zeigt mit dem Finger auf einen rot-beigefarbenen Zug, der am äußersten Bahnsteig einfährt.

»Okay«, sagt Felicitas Fahrenkamp erleichtert, »dann müssen wir wahrscheinlich nur einmal die Treppe runter und wieder hoch. Und nicht kreuz und quer durch diesen Riesenbau.«

Als Felicitas, Felix und Florian Fahrenkamp wenige Minuten später in die S-Bahn steigen, ist der Zug schon ziemlich voll.

»Ahrensfelde, einsteigen bitte!«, dröhnt eine resolute Frauenstimme aus den Lautsprechern am Bahnsteig.

Eine Studentin mit einem Fahrrad steigt ein. Als sie es anhebt und umdreht, streift sie mit dem Rücklicht zwei Nonnen an den Beinen, die sich die ganze Zeit tapfer an einer Haltestange festhalten. Im selben Moment beginnt der Pudel eines Rentners wie wild zu kläffen.

»Ahrensfelde, zurückbleiben!«

Die Türen schließen sich bereits, da stürmt ein junger Mann herein, bleibt mit dem Rucksack im Türspalt hängen und zwängt sich dann mit aller Gewalt durch die Türen, die keinen Zentimeter nachgeben wollen.

Da erklingen von der nächsten Tür bereits Gitarrenakkorde, und eine Männerstimme singt mit hörbar irischem Akzent: »If I had a hammer, I'd hammer in the morning …«

Öffentlicher Nahverkehr

Im öffentlichen Nahverkehr geht es merklich rustikaler zu als im ICE-Abteil der ersten Klasse. Hier darf man nicht allzu pingelig sein. Dafür ist man mit S-Bahnen und U-Bahnen eigentlich in allen Großstädten viel schneller unterwegs als mit dem Taxi. Das gilt zumindest tagsüber und vor allem im Berufsverkehr. Preiswerter und umweltfreundlicher ist es obendrein.

Wer im Fernverkehr mit der Deutschen Bahn anreist, der hat in allen größeren Städten auch schon eine Fahrkarte für die öffentlichen Verkehrsmittel am Reiseziel. In Berlin zum Beispiel kann man innerhalb des »S-Bahn-Rings« mit S-Bahn, U-Bahn und Bus kostenlos weiterfahren, wenn »City-Ticket« auf der Fahrkarte vermerkt ist.

Es ist klug, dass Felicitas Fahrenkamp von dem kostenlosen Ticket auch Gebrauch macht. Die größte Hürde dürfte für die meisten (genau wie für sie) die Orientierung vor Ort sein. Jedes öffentliche Verkehrsnetz ist anders. Wer keine Kinder mit einer schnellen Auffassungsgabe dabeihat, sollte ruhig Passanten ansprechen. Großstädter sind im Allgemeinen hilfsbereit. Bloß wenn man sich begriffsstutzig zeigt, werden sie ungeduldig.

Für mich sind öffentliche Verkehrsmittel immer ein toller Erlebnisbereich. Vor allem in Metropolen wie Berlin. Da mischen sich alle Nationalitäten und Mentalitäten. Und ich kann nach Herzenslust Leute beobachten. Das ist immer eine super Gelegenheit, um meine Menschenkenntnis zu erweitern. Solange es nicht aggressiv und aufdringlich geschieht, finde ich ein interessiertes Beobachten von Menschen hier ganz legitim. Dadurch vergeht die Fahrt wie im Flug, während ich etwa meine Kenntnisse der Jugendsprache auf den neuesten Stand bringe oder interessante Smalltalkthemen finde, wenn ich mitbekomme, was Menschen gerade so bewegt.

Bei aller Toleranz geht es natürlich auch in S-Bahn, U-Bahn und Bus nicht ohne Umgangsformen. Ich kann nicht jeden Sitznachbarn einzeln begrüßen und mich von ihm verabschieden, dafür ist der Kontakt zu flüchtig – aber es ist doch schön, den Nachbarn freundlich um Platz zu bitten, wenn man aussteigen will, statt einfach zu drängeln. Einmal saß ich im Businessanzug in der Berliner S-Bahn und mein Sitznachbar fragte in reinstem Berlinisch: »Würden Majestät mir mal rauslassen?« Das brachte mich gleich zum Schmunzeln.

Musizieren in öffentlichen Verkehrsmitteln ist zwar offiziell verboten, aber ich würde mich darüber dennoch nicht aufregen. Irgendwie gehört es zur Großstadt, und manchmal ist die Darbietung sogar hörenswert. Nicht unbedingt ein Segen für die Menschheit sind dagegen Handys mit MP3-Player, deren Lautsprecher kräftig genug sind, um einen ganzen S-Bahn-Wagen zu beschallen. Was einige »Musikliebhaber« dann auch prompt tun. Da sehnt man sich fast nach dem guten alten Walkman mit Kopfhörer zurück, von dessen Musik der Nachbar nur das leise Tickern des Schlagzeugs mitbekam.

Für Rempeleien in öffentlichen Verkehrmitteln sollte man sich natürlich kurz entschuldigen – aber als Betroffener auch kein großes Theater darum machen; sie passieren halt mal. Grenzwertig sind allerdings Fahrräder im Berufsverkehr. Bei einigen Verkehrsbetrieben ist die Mitnahme zu bestimmten Zeiten zu Recht nicht erlaubt. Bei der Berliner S-Bahn hätte die Studentin zumindest in den mit einem Fahrradsymbol gekennzeichneten Bereich einsteigen sollen, wo für Räder ausreichend Platz ist. Überall sonst behindert es die anderen Fahrgäste doch sehr.

Übrigens bietet die Bahn seit ein paar Jahren in deutschen Großstädten eine originelle Alternative zu öffentlichen Verkehrsmitteln an – nämlich Mietfahrräder, die man an größeren Kreuzungen entleihen und wieder abstellen kann. Man muss sich nur einmal anmelden, Ausleihe und Rückgabe funktionieren dann über das Handy. In regelmäßigen Abständen bekommt man eine Rechnung über die unternommenen Fahrten. Im Sommer kann diese Art der Fortbewegung viel Spaß machen.

19:02 Uhr. Mit dem Taxi in die Stadt

Wo mag bloß der Taxistand sein?, denkt Dr. Fahrenkamp, als er in einem Gang des Flughafens Tegel steht. Irgendwie scheinen alle Seiten dieses Sechsecks gleich auszusehen. Da entdeckt er ein Taxi-Piktogramm an der Decke und läuft in die angegebene Richtung.

Am Taxistand wartet eine große Menschentraube. Bloß, ein Taxi ist nicht in Sicht. Als die ersten anrauschen, lässt Dr. Fahrenkamp den länger Wartenden den Vortritt. Doch als er sicher ist, an der Reihe zu sein, sind immer wieder andere an den Taxitüren. Erst als ein Mercedes aus den frühen Achtzigerjahren mit lautem Hämmern des Dieselmotors heranschleicht, lässt der Eifer der übrigen Fluggäste etwas nach. Dr. Fahrenkamp winkt dem Fahrer deutlich sichtbar zu. Ein groß gewachsener Südländer steigt aus und wuchtet den Trolley des Arztes in den Kofferraum. Unterdessen steigt Dr. Fahrenkamp hinten rechts ein.

»Zum ›Hotel de Rome‹ in der Behrenstraße, bitte«, sagt Dr. Fahrenkamp, als der Fahrer wieder am Lenkrad sitzt.

»Also Bebelplatz«, sagt der Fahrer.

»Die Adresse lautet Behrenstraße …«, entgegnet Dr. Fahrenkamp unsicher.

»Ist trotzdem Bebelplatz!«, meint der Fahrer selbstbewusst, und das Taxi setzt sich laut brummend in Bewegung.

Mit Tempo 80 geht es vorbei an Schrebergärten, einstöckigen Lagergebäuden und einem idyllischen Kanal. Wenig deutet auf eine Großstadt hin.

»Die Musik klingt ja … interessant«, meint Dr. Fahrenkamp nach einer Weile.

»Ist aus Kurdistan. Mögen Sie die nicht? Ich kann auch ›Klassik Radio‹ anmachen.«

»Lassen Sie nur, ist wirklich ganz nett. Sind Sie aus Kurdistan?«

»Aus Kreuzberg. Aber meine Familie stammt aus Kurdistan.«

»Fahren Sie schon lange Taxi?«

»Zehn Jahre. Aber ich bin auch Musiker.«

»Das ist ja interessant. Machen Sie kurdische Volksmusik?«
»Nein, ich spiele Cello.«
Nach einer knappen halben Stunde erreicht das Taxi den Bebelplatz in Berlin-Mitte und hält vor dem schlichten Eingang des ›Hotel de Rome‹.
»Macht dann 17,80.«
Dr. Fahrenkamp reicht dem Fahrer einen 20-Euro-Schein. »Stimmt so. Und eine Quittung bitte.«

Taxi

Die heiße Schlacht ums freie Taxi – wahrscheinlich hat jeder, der öfter zu Stoßzeiten an Flughäfen oder Bahnhöfen ist, sie schon einmal erlebt. Ein ganzes Flugzeug oder ein ganzer ICE will offenbar gleichzeitig ins Taxi, und natürlich haben es alle furchtbar eilig. Da gehört schon Entschlossenheit dazu, wenn man rücksichtsvoll bleiben und sich trotzdem nicht unterkriegen lassen will. Am besten schauen Sie ganz genau, wer vor Ihnen am Taxistand war. Sind Sie ganz sicher, an der Reihe zu sein, und will Ihnen jemand das Taxi wegschnappen, würde ich höflich, aber bestimmt protestieren: »Entschuldigung, ich war der Nächste.« Allerdings lohnt es sich auch nicht, sich zu streiten. Es dauert in der Regel maximal zehn Minuten, bis wieder genügend Taxis da sind.

Dr. Fahrenkamp steigt hinten rechts ein. So ist es in Berlin und eigentlich in allen Großstädten üblich. Die meisten Berliner Taxifahrer haben den Beifahrersitz bis in die äußerste Raste nach vorn geschoben, damit der Fahrgast hinten rechts die Beine ausstrecken kann. In kleineren Städten und im ländlichen Raum, wo Taxifahren nicht zum Alltag gehört, ist es üblich, vorn beim Fahrer einzusteigen. Letztlich haben Sie aber überall die Wahl, wo Sie am liebsten sitzen möchten.

Die meisten Taxifahrer in Großstädten fangen von sich aus keinen Smalltalk an, sondern warten, ob der Fahrgast sich während der Fahrt unterhalten möchte. Schweigen ist also auch in Ordnung. Aber Taxifahrer sind oft regelrechte Informationsbörsen. Gerade, wenn Sie sich in einer Stadt nicht so gut auskennen, können Sie im Taxi viel dazulernen.

Generell befinden sich im Taxi zwei Fremde innerhalb ihrer »gesellschaftlichen Distanzzone«. Gegenseitige Rücksicht ist auch hier wieder angesagt.

Rauchen sollte man als Fahrgast nicht, ohne zu fragen. Umgekehrt ist es unhöflich, wenn der Taxifahrer sein Auto als sein privates Reich ansieht und laut Musik hört oder bei Eiseskälte die Fenster herunterlässt. In solchen Fällen würde ich als Fahrgast immer höflich einschreiten und sagen »Könnten Sie das Fenster bitte schließen« oder »Könnten Sie die Musik bitte leiser drehen«.

Trinkgeld

Es ist üblich, dem Taxifahrer am Schluss ein kleines Trinkgeld in Höhe von 5 bis 10 Prozent des Fahrpreises zu geben. Und zwar unabhängig davon, ob er bei einem Taxiunternehmen angestellt ist oder auf eigene Rechnung fährt. Die Höhe des Trinkgelds können Sie ruhig von Ihrer Zufriedenheit abhängig machen. Waren Sie sehr zufrieden, weil sich der Fahrer zum Beispiel erkundigt hat, ob und welche Musik Sie gern hören möchten, dann geben Sie auch mehr.

Das kleine Extra: Trinkgeld

In unseren Breiten ist Trinkgeld kein solches Ritual wie beispielsweise in den USA. Trotzdem sollte man auf Reisen hier und dort Rechnungsbeträge aufrunden und ein wenig Kleingeld für Trinkgelder bereit halten. Im Taxi sind 5 bis 10 Prozent üblich. Fährt man in Berlin »Kurzstrecke« für 3,50 Euro, dann sind 4 Euro okay. Wer in der Bahn am Platz bedient wird, rundet am besten auf wie einem Café. In Hotels ist Trinkgeld fürs Öffnen der Taxitür oder für die Begleitung von der Rezeption aufs Zimmer nicht üblich. Der Kofferträger erwartet jedoch 1 Euro pro Gepäckstück, in Luxushotels 2 Euro (ca. 2 bis 3 Franken in der Schweiz).

Übrigens hat sich in Berlin vor einigen Jahren eine neue Taxizentrale namens »Quality Taxi« gegründet, die ihren Kunden (ohne Mehrpreis) einen besonders guten Servicestandard garantieren will. Dazu zählen etwa gut Deutsch sprechende Fahrer oder moderne, saubere Fahrzeuge. Solche Initiativen für mehr Service und Komfort für den Fahrgast sind sehr zu begrüßen. Obwohl es natürlich auch seinen Charme haben kann, mal wieder in einem Mercedes aus den frühen Achtzigern gefahren zu werden …

20:00 Uhr

»Willkommen zum Galadiner!«

Sich trittsicher auf dem gesellschaftlichen Parkett bewegen

Vorbereitung | Einladungen | Sitzordnung | Begrüßung | Programm | Menü | Extrawünsche

»Ich bin ja froh, dass ich vorhin noch einmal alles gecheckt habe«, sagt Felicitas Fahrenkamp zu ihrem Mann. »Jetzt bin ich völlig entspannt.«
Dr. Clemens und Felicitas Fahrenkamp stehen im Kaminzimmer des »Hotel de Rome«, einem fensterlosen Raum, der vor hundert Jahren einmal die Kassenhalle der Dresdner Bank war. Sie trägt ihr türkisfarbenes Abendkleid, ihr Mann seinen Smoking. Hinter dem Ehepaar ist eine Doppeltür halb geöffnet. Sie führt in einen kleinen Vorraum, durch den es weiter in den Ballsaal geht.
»Wie gut, dass wenigstens du pünktlich hier warst«, entgegnet Dr. Fahrenkamp. »Eigentlich wollte ich mich ja um die Technik kümmern.«
»Mikro, Notebook, Beamer und Lautsprecher funktionieren. Dr. Thomson hat mir seine Folien von Sambia schon mal gezeigt. Wirklich ganz tolle Bilder.«
»Ich bin gespannt. Und die Sitzordnung?«
»Das Placement bin ich mit der Bankettmanagerin noch mal durchgegangen. Die zwei Leute, die doch nicht kommen werden, konnten wir noch gut rausnehmen. Ich habe uns beide, Dr. Thomson und den Botschafter auf vier Tische verteilt.«
»Schön. Bist du mit der Deko zufrieden?«
»Ja, sehr. Die Nationalfarben von Sambia sind ja eigentlich ziemlich bunt. Aber die Leute hier haben sich geschickt auf das Grün und das Gelbgold konzentriert und dann mit Rot und Schwarz noch ein paar kleine Akzente gesetzt.«
»Gut. Und was machen die Kinder?«
»Hat deine Tante pünktlich abgeholt und gleich zu sich in die Mommsenstraße verfrachtet. Ich habe vorhin kurz mit ihr telefoniert. Florian wäre am liebsten noch stundenlang im Doppeldeckerbus gefahren.«
»Na, wunderbar. Dann können unsere Gäste ja jetzt kommen.«

PLANUNG

Bei einer so aufwendigen Veranstaltung wie dem Galadiner, das die Fahrenkamps für einen wohltätigen Zweck veranstalten, ist gewissenhafte Planung unerlässlich. Das gilt auch für aufwendige Familienfeste, wie zum Beispiel Hochzeiten, auf die Sie das in diesem Kapitel über das Galadiner Gesagte ebenso gut übertragen können. *Ein halbes bis dreiviertel Jahr vor dem Termin werden sich die Gastgeber erste Gedanken über das passende Hotel gemacht haben. Ist eine Location in die engere Wahl gekommen, sollte man sich vor der Buchung unbedingt vor Ort ein Bild machen.* Auch die beste Internetpräsentation kann den persönlichen Eindruck nicht ersetzen. Lassen Sie sich in Ruhe alle Räumlichkeiten zeigen, und lernen Sie einige der Mitarbeiter kennen. Handelt es sich um ein Hotel oder Restaurant, dann testen Sie am besten auch die Küche. Wenn Sie einen Gesamteindruck gewonnen haben, wird letztlich Ihr Gefühl den Ausschlag geben, ob Sie sich in diesem Haus wohl fühlen und es für Ihre Zwecke für geeignet halten. Im Übrigen gilt das Gleiche für eine Feier in einem nicht so exklusiven Rahmen. Auch wenn der Veranstaltungsort kein Luxushotel ist, sollte der Rahmen dem Anlass entsprechen, das Ambiente stimmen und alles umsichtig vorgeplant sein.

Die Fahrenkamps haben sich für ein Fünf-Sterne-Hotel entschieden. Natürlich kann man trefflich darüber streiten, ob solcher Luxus und die Bekämpfung von Armut in Afrika zusammenpassen. Für Dr. Fahrenkamp wird aber letztlich das Ergebnis zählen. Er möchte sehr wohlhabende und entsprechend anspruchsvolle Menschen für die Unterstützung seines Klinikprojekts gewinnen. Wenn er die Eintrittskarten für mehrere hundert Euro verkaufen kann, dann bekommen die Gäste dafür einen hohen Gegenwert, und trotzdem fällt noch genug »Gewinn« für das Projekt ab. Außerdem drücken die Fahrenkamps mit dem getriebenen Aufwand Wertschätzung gegenüber ihren Gästen aus, schaffen eine angenehme Atmosphäre und bereiten damit den Boden für eine weitergehende Spendenbereitschaft. Dazu wird auch der kurze Vortrag von Dr. Thomson, dem Arzt aus Sambia, beitragen.

Das Hotel sollte spätestens ein halbes Jahr vor dem Termin fest gebucht sein. Sie benötigen für die gesamte Vorbereitungszeit einen festen Ansprechpartner, den Sie problemlos telefonisch und per E-Mail erreichen können. Bei großen Hotels wird das in der Regel der Bankettmanager sein. Mit ihm besprechen Sie die Gästezahl, das Menü und natürlich den Preis. Hotels berechnen üblicherweise eine Pauschale pro Person, in der alle Leistungen enthalten sind. Wenn Sie nur wenige Gäste erwarten, kann es sein, dass zusätzlich eine Saalmiete verlangt wird.

Raumdekoration

Für die Raumdekoration geben Sie als Gastgeber die Farben vor. Felicitas Fahrenkamp hat gebeten, sich an der Nationalfahne von Sambia zu orientieren. Realisiert wird die Deko dann durch das Hotel und den vom Haus beauftragten Floristen. Gut, wenn der Gastgeber vorher Muster zu sehen bekommt. Bei einer größeren Veranstaltung ist es schön, wenn sie von A bis Z ein wiedererkennbares Design hat. Das heißt, dass sich beispielsweise die Farben der Raumdeko auch schon auf den Einladungskarten finden.

Einladungskarten

Gedruckte, mit der Post verschickte Einladungskarten sollten es für solch eine Veranstaltung schon sein. Beauftragen Sie dafür auf jeden Fall eine Druckerei, statt den heimischen Tintenstrahldrucker anzuwerfen. Die Druckerei kann Sie auch bei der Auswahl des passenden Papiers beraten. Und dort bestellen Sie auch gleich Tischkärtchen und Menükarten für Ihre Gäste. Gästeliste und genaue Menüfolge müssen also bis dahin feststehen.

Sitzordnung, Placement

Die Sitzordnung bei Galaveranstaltungen bezeichnet man mit einem englischen Begriff als »Placement«. In einem Ballsaal werden in der Regel runde Tische im Raum verteilt. Gibt es, wie hier bei den Fahrenkamps, ein kleines Programm auf einer Bühne oder einem Podium, dann muss sich ein Teil der Gäste während dieser Zeit also umdrehen. Das ist nicht schlimm. Wichtiger ist, dass beim Essen alle in einer schönen

Runde sitzen. Am Abend der Veranstaltung wird das Placement als gedruckter Plan an der Eingangstür zum Saal ausgehängt. Darauf sind alle Tische und Stühle aus der Vogelperspektive aufgezeichnet. Jeder Stuhl hat eine Nummer, die der Nummer des Gastes auf der ebenfalls aushängenden Gästeliste entspricht.

Beim Hereinkommen kann jeder Gast genau sehen, wo er sitzen wird. Hinge kein Placement aus, dann gäbe es ein chaotisches Gedränge und Geschiebe, weil alle den kompletten Saal nach ihren Platzkärtchen absuchen müssten. *Als Gastgeber sollten Sie zwei Stunden vor der Veranstaltung das Placement mit dem Bankettmanager noch einmal durchgehen und genau überprüfen.* Jetzt ist noch Gelegenheit, letzte Korrekturen vorzunehmen und Absagen, die Sie als Gastgeber in letzter Minute erreicht haben, zu berücksichtigen. Stimmt nun wirklich alles? Ich habe einmal bei einer Galaveranstaltung eines großen Unternehmens in der Nähe von Bonn erlebt, dass das Placement zwar korrekt ausgedruckt war, die Tischkärtchen mit den Namen der Gäste aber spiegelverkehrt gedeckt waren. Keiner hatte es bemerkt. Bis die Gäste ihre Plätze einnehmen wollten und natürlich ein ganz großes Durcheinander ausbrach. Also: besser ein zweites Mal hingucken.

Und wer sitzt wo? Felicitas Fahrenkamp hat beschlossen, sich hier nicht an die konservative Etikette zu halten. Danach müsste es vorn einen »VIP-Tisch« mit den beiden Gastgebern Dr. Clemens und Felicitas Fahrenkamp sowie Dr. Thomson und dem Botschafter als Ehrengästen geben. Die übrigen Gäste müssten dann streng nach Rangordnung plaziert werden – je bedeutender, desto näher beim Gastgeber. Die Fahrenkamps hätten also wochenlang darüber rätseln dürfen, ob nun der Professor von der Charité bedeutender ist als der Staatssekretär aus der Senatsverwaltung und so weiter. Solch eine Sitzordnung kann total langweilig sein und führt keineswegs automatisch zu angeregten Gesprächen.

Dr. Clemens und Felicitas Fahrenkamp verfolgen beim

Placement einen pragmatischeren Ansatz. Sie wollen, dass sich möglichst interessante Gespräche zum Thema des Abends ergeben. Deshalb haben sie alle, die etwas zur Situation in Sambia sagen können, schon einmal an vier Tische verteilt. Das Gastgeber-Ehepaar sitzt also getrennt und findet das vor diesem Hintergrund auch völlig okay. Vielleicht sind noch zwei, drei andere Afrikaner unter den Gästen, die sich dann auf weitere Tische verteilen lassen. Das ist doch besser, als wenn diejenigen sich miteinander unterhalten, die sich ohnehin schon kennen und alles über das Thema des Abends wissen. Und die Gastgeber können so auch auf möglichst viele Gäste eingehen.

»Damenregel«

Auch von der »Damenregel« der klassischen Etikette werden sich die Fahrenkamps nicht leiten lassen. Danach muss nach einem ganz strengen Prinzip jeder Dame am Tisch auch ein Herr zugeteilt sein. Doch auch ohne »Damenregel« ist es gut, die Geschlechter bunt zu mischen. Einmal sieht es nett aus, und dann ist es auch positiv für den Smalltalk. Es kommt meist zu einer interessanteren Themenmischung, weil die Männer eher davon abgehalten werden, wieder bloß über Fachthemen zu sprechen.

Technikcheck

Wichtig ist auch der Technikcheck, vor allem natürlich, wenn es ein kleines Programm geben soll. Hier sollte man alles ausgiebig testen und beispielsweise Power-Point-Präsentationen einmal komplett durchlaufen lassen. Sind keine stundenlangen Vorträge geplant, dann ist ein Handmikrofon immer besser als ein Headset, das sich bei Frauen in der hochgesteckten Frisur verhaken kann. Unschön ist auch, wenn jemand vor den Augen der Gäste erst »verkabelt« wird, um etwas sagen zu können.

Wenn Sie wissen wollen, ob der Abend perfekt vorbereitet ist, dann empfiehlt es sich, etwa eine Stunde vor Beginn einmal alles mit den Augen Ihrer Gäste zu betrachten. Gehen Sie nach draußen, kommen Sie wieder herein und schreiten Sie dann den gesamten Weg vom Eingang zum Bankettsaal ab. Weist der Doorman den Gästen den richtigen Weg? Wird dem Gast an der Rezeption geholfen? Gibt es Anzeigetafeln und ist darauf alles richtig geschrieben? (Häufig schleichen sich da Fehler ein.) Wer kümmert sich um die Garderobe? Wo werden die Gäste von Ihnen begrüßt? Ist das Placement gut zu finden und zu lesen?

Bleibt die Frage nach den Kindern. Dr. Clemens und Felicitas Fahrenkamp wissen, dass eine Galaveranstaltung für Felix und Florian eine Qual wäre. Außerdem würde es für die Kinder am Ende viel zu spät. Zum Glück gibt es die Tante aus Charlottenburg. Sonst hätten die Fahrenkamps ihre Kinder wohl gar nicht erst mit auf diese Reise genommen.

20:07 Uhr. Die Gäste treffen ein

»Guten Abend. Herzlich willkommen. Ich bin Felicitas Fahrenkamp«, sagt die Gastgeberin zu einem Staatssekretär im Smoking mit schwarzer Fliege. »Darf ich Ihnen etwas anbieten?«

Dr. Fahrenkamp hat inzwischen Professor Rutz von der Charité begrüßt. »Ich möchte Ihnen gerne Denis Thomson vom Saint-John-Hospital in Zambezi vorstellen«, sagt er zu dem Medizinprofessor und macht ihn mit dem Gast aus Sambia bekannt.

Unterdessen schauen einige Gäste mit einem Sektglas in der Hand auf dem Placement nach, wo sie sitzen werden. »Kann ich Ihnen helfen?«, fragt eine Hotelangestellte, die an der Tür zum Ballsaal steht.

Als eine Viertelstunde später alle Gäste eingetroffen sind und sich mit Getränken in der Hand unterhalten, gehen Dr. Clemens und Felicitas Fahrenkamp nacheinander von Gruppe zu Gruppe und sagen: »Darf ich Sie bitten, Platz zu nehmen.«

Sobald alle ihre Plätze eingenommen haben, ergreift Dr. Fahrenkamp das Mikrofon: »Herzlich willkommen! Danke, dass Sie gekommen sind. Ich freue mich besonders, heute Abend den Botschafter der Republik Sambia, seine Exzellenz Daniel

Matanawe, begrüßen zu können. Und es ist mir eine ebenso große Freude, dass Denis Thomson vom Saint-John-Hospital im Westen von Sambia nach Berlin gekommen ist. Schön, dich hier wiederzusehen, Denis!«
Dr. Fahrenkamp übergibt das Mikrofon an seine Frau Felicitas: »Verehrte Gäste, wie Ihnen sicher schon aufgefallen ist, haben wir uns ganz bewusst im Raum verteilt. Wir hoffen, so mit möglichst vielen von Ihnen ins Gespräch zu kommen und Ihre Fragen zum Thema Sambia beantworten zu können. Und wenn Sie auf die Menükarten an Ihren Plätzen schauen, dann werden Sie sehen, dass es heute Abend etwas ganz Besonderes gibt, nämlich afrikanische Spezialitäten. Lassen Sie sich überraschen. Nach dem Hauptgang wird Dr. Thomson Ihnen ein wenig über seine Arbeit in Sambia berichten und Ihnen den aktuellen Stand der Planungen für den Neubau einer Kinderklinik präsentieren. Ich bin selbst sehr gespannt und freue mich darauf. Nun wünsche ich Ihnen und uns allen einen gelungenen Abend!«

Aktive Rolle des Gastgebers

Begrüßungssituationen, bei denen Gäste eintreffen und miteinander bekannt gemacht werden, sind Ihnen in diesem Buch schon mehrfach begegnet. Auch vor dem Galadiner übernehmen die Gastgeber wieder eine aktive Rolle, begrüßen die Gäste und stellen sie einander vor – statt wie Bundespräsident und First Lady einfach passiv das Defilee abzunehmen. Die Hotelangestellten sind dabei behilflich, die Gäste mit einem Glas Champagner, Kir Royal oder Orangensaft zu versorgen. Die Gäste behalten dann ihr Glas in der Hand, bis sie am Tisch Platz nehmen.

Spätestens ab einer halben Stunde vor Beginn sollten die Gastgeber nur noch für ihre Gäste da sein und mit dem Eintreffen der ersten Gäste rechnen. Einige kommen immer extrem zeitig, andere grundsätzlich im letzten Augenblick – Menschen sind eben, wie sie sind. Jeder Gast spürt allerdings, ob die Gastgeber gestresst sind. Entspannen Sie sich also, wenn Sie wissen, dass

Sie alles gut vorbereitet haben. Schenken Sie Ihre volle Aufmerksamkeit Ihren Gästen und vergessen Sie alles andere. Auch hier zählt der erste Eindruck. Niemand will jetzt von den Fahrenkamps Sätze wie »War das ein Tag, was für eine Hektik!« hören, sondern alle möchten einen angenehmen Abend beginnen.

Sind alle Gäste eingetroffen, gehen die Gastgeber von Gruppe zu Gruppe und bitten die Gäste nacheinander in den Bankettsaal. Das ist schön, weil so die Gastgeber mit allen schon einmal Kontakt haben. Und weil sich kein Stau vor der Tür zum Saal bildet, zu dem es zwangsläufig käme, gäbe man allen gleichzeitig das Signal einzutreten. Die Fahrenkamps bitten ihre Gäste, im Saal auch gleich Platz zu nehmen. Das ist angenehm entspannt. Nach der klassischen Etikette für ein Galadiner würden die Gäste stehend an der Lehne ihres Stuhls warten, bis die Gastgeberin das Zeichen gibt, sich setzen zu dürfen. Aber das ist doch arg steif.

OFFIZIELLE BEGRÜSSUNG

Doch so oder so findet im Saal die offizielle Begrüßung statt. Die Gastgeber geben das Startsignal. Und Zeit ist ein entscheidender Faktor bei einer solchen Veranstaltung. Nach Möglichkeit sollte man pünktlich anfangen und sich dann genau an den mit dem Hotel besprochenen Zeitplan halten. Der Küchenchef sollte also beispielsweise Bescheid bekommen, dass zwischen Gang zwei und drei exakt zehn Minuten geredet werden soll. Andernfalls kommt die Küche in höchste Not und wird es zum Beispiel kaum schaffen, Fleisch »auf den Punkt« zu garen. Disziplin ist also das Wichtigste, was ein Gastgeber an einem solchen Abend mitbringen muss. Sonst gerät schnell alles aus dem Takt.

Beide Gastgeber, Dr. Clemens und Felicitas Fahrenkamp, begrüßen nacheinander die Gäste im Saal. Dr. Fahrenkamp bekommt hier den Vortritt, weil er unter den Gästen bekannter und gewissermaßen die Galionsfigur für das Klinikprojekt ist. Er heißt die Gäste offiziell willkommen und begrüßt die Ehrengäste des Abends noch einmal einzeln. Neben der Wertschätzung, die er damit ausdrückt, wird so auch für alle deutlich, wer der Botschafter und wer der Arzt aus Sambia ist.

Felicitas Fahrenkamp erklärt zunächst den Sinn der Sitzordnung, mit der sich die Gastgeber ja nicht an die traditionelle Etikette halten. Das ist klug, um Missverständnisse zu vermeiden – etwa dass das Ehepaar Fahrenkamp in Trennung leben könnte, weil jeder an einem anderen Tisch sitzt. Dann sagt sie noch etwas zu dem ungewöhnlichen Menü. Und schließlich erläutert sie den Gästen den genauen Ablauf des Abends. Das ist ganz wichtig, damit jeder weiß, was auf ihn zukommt.

Vortrag, Präsentation

Ist ein kleiner Vortrag oder eine kurze Präsentation vorgesehen, so sollte sie lieber nicht auf nüchternen Magen stattfinden. Wenn die Gäste zwar schon am Tisch sitzen, aber noch nichts gegessen haben, sind sie doch eher ungeduldig und wenig aufnahmefähig. Die Stimmung ist auch noch nicht berauschend, weil man noch gar nicht richtig im Gespräch war. Den Programmpunkt erst nach dem Essen zu bringen wäre aber auch keine gute Idee. Dann sind die Gäste schon müde und haben keine Lust mehr.

Zwischen Hauptgang und Dessert ist ein wenig Programm dagegen optimal. Da braucht man ohnehin eine kleine Pause, freut sich aber noch auf etwas Süßes. Keinesfalls sollte jemand reden, wenn gerade aufgetragen oder abgeräumt wird – das wirkt chaotisch. Und: Wenn Sie Gastredner haben, müssen Sie sie natürlich auch exakt auf den Zeitplan verpflichten, den Sie mit dem Service abgesprochen haben.

20:44 Uhr. Essen mit Genuss

Durch die geöffnete Flügeltür in der Mitte des Saales schreiten dunkel gekleidete Kellner in einer Reihe herein und verteilen sich auf die Tische. Jeder Ober hat zwei Teller in den Händen. Als alle auf ihren Positionen bereitstehen, servieren sie den Gästen zeitgleich das Hauptgericht wie eine gut eingespielte Ballettcompagnie.

Doch eine Dame im apricotfarbenen Kleid am Tisch von Felicitas Fahrenkamp verzieht prompt das Gesicht, als sie auf ihren Teller schaut. »Das ist ja Fleisch!«, bemerkt sie irritiert. »Ich bin doch Vegetarierin.«
Felicitas Fahrenkamp atmet kurz durch. Dann sagt sie zu dem Kellner neben der Dame: »Es tut mir sehr leid, aber könnten Sie der Dame vielleicht einen anderen Teller ohne Fleisch bringen?«
»Selbstverständlich«, sagt der Ober, ohne eine Miene zu verziehen. Dann nimmt er der Dame in Apricot den Teller wieder weg und verschwindet damit durch die Tür.
»Ist es in Ordnung für Sie, wenn wir schon anfangen?«, fragt Felicitas Fahrenkamp die Vegetarierin einen Augenblick später.
»Aber bitte«, antwortet diese.
»Genießen Sie es!«, sagt Felicitas Fahrenkamp zu den Gästen an ihrem Tisch.

Ein stilvolles Mittagessen haben Sie in Kapitel 7 bereits miterlebt. Was ist beim Galadiner wesentlich anders? Zunächst einmal der äußere Rahmen. Die Gäste sitzen in festlicher Garderobe auf festen Plätzen. Die Tische sind mit großem Aufwand gedeckt. Und beim Eintreffen der stets größeren Gästeschar ist bereits alles vorbereitet. Einerseits hat solch ein Essen sicher etwas Rituelles. Zumal zwischendurch Aufstehen und Herumlaufen nicht erwünscht sind. Andererseits gibt es an einem so langen Abend aber auch viel weniger Zeitdruck. Es ist genügend Zeit für Konversation mit interessanten Menschen. Wobei der jeweilige Anlass schon einmal bestimmte Gesprächsthemen vorgibt. GALADINER

Zu essen gibt es mehr Gänge als mittags im Restaurant. Bei einem Galadiner können es bis zu neun Gänge sein. Die Speisen sind dabei für alle gleich und wurden von den Gastgebern ausgewählt. Besteck und Weingläser sind an jedem Platz einheitlich gedeckt. Beim Besteck arbeiten sich die Gäste dann von außen nach innen vor. Auch die Weine stehen zu jedem Gang bereits fest. Wer nicht so viel Alkohol möchte, kann aber auch seinen Wein beim nächsten Gang weitertrinken.

Extrawünsche

Doch können die Gastgeber jedermanns Geschmack treffen? Nein. Und doch sind Extrawünsche bei solch einem Essen extrem schwierig zu erfüllen. Die Vegetarierin, die am Tisch von Felicitas Fahrenkamp gegen ihr Hauptgericht protestiert, führt eine unglückliche Situation herbei. Hier gibt es einen Wertekonflikt. Die Ansprüche der Dame im apricotfarbenen Kleid stehen gegen das Gelingen des Abends für alle. Allenfalls bei der Zusage auf die Einladung hätte sie den Wunsch anmelden können, vegetarisch essen zu wollen. Aber auch solche frühzeitig angemeldeten Extrawünsche sind nicht bei jedem Anlass angebracht. Im Zweifel hätte die Dame das Stück Fleisch einfach kommentarlos auf dem Teller liegen lassen sollen, um den Ablauf des Essens nicht zu stören.

Natürlich sagt Felicitas Fahrenkamp auf den Protest der Dame nicht wie ein Familienvater der 1960er Jahre: »Hier wird gegessen, was auf den Tisch kommt.« Sie rettet stattdessen die Situation, indem sie den Ober freundlich bittet, einen Teller ohne Fleisch zu bringen. Nun entsteht am Tisch aber gleich das nächste Problem. Es ist üblich und höflich, gleichzeitig anzufangen. Wobei der Gastgeber das Startsignal gibt. Hier müssten aber nun eigentlich alle warten, bis auch die Vegetarierin ihr Essen hat, um anfangen zu können. Schön wäre gewesen, wenn diese jetzt von sich aus gesagt hätte: »Warten Sie nicht auf mich.« So ist es nun an der Gastgeberin zu fragen, ob es für die Dame mit dem Extrawunsch in Ordnung ist, wenn die anderen schon beginnen. Und was soll diese schon sagen außer »ja«?

»Genießen Sie es«, sagt Felicitas Fahrenkamp und gibt damit das Startsignal für ihren Tisch, mit dem Essen zu beginnen. Warum sagt sie nicht »Guten Appetit«? Dagegen wäre sicher nichts einzuwenden, es ist bloß abgedroschen und langweilig. Schön ist es, wenn man sich für abgegriffene

Standardformulierungen ab und zu mal eine Alternative einfallen lässt.

»TELLEREINSETZEN«

Wenn bei einem Galadiner 80 oder 100 Essen in drei bis vier Minuten serviert werden sollen, braucht man dazu eine hohe Servicezahl. Das »Tellereinsetzen«, wie es in der Fachsprache heißt, ist ein eingespielter Prozess, bei dem der Service sein Können zeigt. Manche rümpfen die Nase über solche Dinge und sagen, das sei ihnen alles zu steif. Andere fühlen sich von einem wirklich perfekten Service geradezu eingeschüchtert. Aber genießen Sie doch einfach die professionelle »Show«, die Ihnen hier geboten wird.

Das Servicepersonal in der Spitzengastronomie investiert viel Leidenschaft, um Ihnen einen vollkommenen Abend zu bereiten. Darauf darf es auch ein wenig stolz sein. Umso schöner, wenn die Gäste wertschätzen, was ihnen geboten wird. Ein Galadiner bekommt man eben nicht alle Tage. Und ich würde mir eine solche Gelegenheit nicht entgehen lassen.

24:00 Uhr

»Was für ein Tag!«

An der Hotelbar

Leise Hintergrundmusik erfüllt die in dunklen Farben gehaltene »Bebel-Bar« im »Hotel de Rome«. Dr. Clemens Fahrenkamp und seine Frau Felicitas sitzen auf bequemen Sesseln an einem niedrigen Tisch. Vor ihnen stehen zwei elegante Gläser mit Rotwein. Durch die Fenster fällt der Blick auf den leeren, aber effektvoll beleuchteten Bebelplatz, jenes barocke »Forum Fridericianum«, das der Preußenkönig Friedrich II. hier einst anlegen ließ.

»Wir haben uns doch heute ganz gut geschlagen«, meint Dr. Fahrenkamp zu seiner Frau.

»Tja, Herr Doktor, und wissen Sie, was ich heute im Zug gelesen habe?«, entgegnet Felicitas Fahrenkamp. »Nach einer Untersuchung der Uni Wien und der Oxford University haben Menschen mit guten Umgangsformen eine durchschnittlich um ein Jahr längere Lebenserwartung als Menschen, die sich schlecht benehmen.«

»Na, wenn das so ist«, sagt Dr. Fahrenkamp schmunzelnd, »dann lass uns auf unser zusätzliches Lebensjahr das Glas erheben!«

Danksagung

Eine ganze Reihe von Menschen hat zum Gelingen dieses Buches beigetragen. Den wichtigsten möchte ich an dieser Stelle danken.

Ich bin meiner Großmutter Emma Hosch dankbar. Sie war der erste Mensch in meinem Leben, der mir das Thema Tischkultur nahegebracht hat.

Mein Dank gilt Gisela Tautz-Wiesner, bei der ich vor über zehn Jahren meine Ausbildung im Bereich Umgangsformen absolviert habe. Mit ihrer authentischen Art und ihrem Charisma war sie für mich ein wichtiges Vorbild.

Norman Rentrop und Norbert Müller vom Verlag für die Deutsche Wirtschaft möchte ich danken. Sie hatten vor drei Jahren den Mut, mich als noch jungen Trainer zum Herausgeber des Sammelwerks »Der große Knigge« zu ernennen.

Einen besonderen Dank möchte ich Oliver Gorus aussprechen, der mich als Autor gecoacht hat. Er hat erspürt und auf den Punkt gebracht, wofür ich stehe, und mich ermutigt, den Weg des Autors weiterzugehen. Ihm verdanke ich die Erkenntnis, dass »Leben mit Stil« mein ganz großes Thema ist.

Ulrike Tomasek möchte ich dafür danken, dass sie die Brücke zum Verlag geschlagen hat.

Nach zwölf Büchern, die ich selbst geschrieben habe, ist dies das Erste, das ein anderer für mich schreibt – und doch dasjenige, das am meisten meinem Herzen entspricht. Jörg Achim Zoll konnte ich in stundenlangen Gesprächen alles erzählen, was mir wichtig ist, und er hat es dann in Buchform gebracht.

Ich möchte ganz besonders meiner Frau Ilona Dörr-Wälde danken, die mich in den sieben Jahren unserer gemeinsamen Ehe immer wieder ermutigt hat, meine journalistische Begabung auszuleben.

Danken möchte ich zum Schluss noch den zahllosen Teilnehmern an meinen Knigge-Seminaren, deren Fragen und Erlebnisse in dieses Buch eingeflossen sind und ihm damit Praxisnähe und eine besondere Würze verleihen.

Register